Clémentine Collinet

Super einfach genäht

30 Nähideen aus Stoffresten

Bassermann

Inhaltsverzeichnis

Über die Autorin

Clémentine Collinet ist als Kinderbuch-Illustratorin und Textildesignerin tätig. Sie entwirft und fertigt Gebrauchsgegenstände an, die den Alltag verschönern, zum Beispiel Kissenbezüge, Notizbucheinbände, praktische Stoffbeutel, Aufbewahrungstaschen für Spielzeug und vieles mehr. Dabei greift sie gerne auf Tiermotive zurück: Tatsächlich ist sie die Schöpferin eines ganz eigenen Universums, in dem sich fantasievoll gestaltete Tiere nur so tummeln. Zu finden ist diese Familie von Kuscheltieren mit dem Namen »Les doudous de Sardine« online unter https://sardineshop.bigcartel.com.

Einleitung

Die Projekte in diesem Buch werden leicht verständlich beschrieben und durch anschauliche Skizzen erklärt. Sie eignen sich für alle – ganz gleich, ob Anfänger oder Profi. Auch wer bereits Näherfahrung hat, wird diese hübschen Objekte mit großem Vergnügen nacharbeiten.

Sehr wichtig ist die Wahl der Stoffe. Für einige Modelle brauchen Sie nur sehr wenig Material. Machen Sie sich daher selbst eine Freude und suchen Sie sich einen besonders schönen und qualitativ hochwertigen Stoff aus!

Für das Arbeiten mit Wachstuch oder beschichtetem Stoff sollte man einige Dinge wissen. Das Versäubern ist bei diesen Stoffen nicht nötig, da sie nicht ausfransen, und es müssen keine Säume genäht werden. Das spart viel Zeit. Das Nähen mit Wachstuch ist allerdings mit manchen Nähfüßen nicht ganz einfach. Sie neigen nämlich dazu, auf der gewachsten oder beschichteten Seite hängenzubleiben, sodass der Stoff nicht glatt durch die Maschine läuft. Für solche Fälle gibt es einen Schneidertrick: Legen Sie ein Blatt Seidenpapier oder, falls Sie keines haben, einfach ein Stück Papier auf die beschichtete Seite. Wenn Sie mit dem Nähen fertig sind, können Sie das Blatt einfach zerreißen und die Papierreste entfernen. Einige Hersteller von Nähmaschinen bieten auch spezielle Nähfüße für das Nähen mit Wachstuch an.

Bei Wachstuch oder beschichtetem Stoff sollte nicht mit Stecknadeln gearbeitet werden, sonst bekommen die Stoffe Löcher. Verwenden Sie stattdessen Klebeband. Nähen Sie einfach darüber hinweg und ziehen Sie es anschließend wieder ab. Das Klebeband sollte nicht zu lange auf dem Stoff bleiben, sonst könnte der Kleber Spuren hinterlassen.

Und zum Schluss noch ein wichtiger Hinweis: Wachstuch niemals bügeln, denn Hitze lässt die Beschichtung schmelzen!

Home sweet home

Fröhlicher Notizbucheinband

0,5 cm Nahtzugabe enthalten

MATERIAL

25 × 50 cm gemusterter Baumwollstoff in Gelb mit rosa Punkten für den Umschlag und die Klappen
25 × 32 cm blauer Baumwollstoff für das Futter
1 m geblümtes Stoffband
Passendes Nähgarn
Nähzeug
Nähmaschine
Bügeleisen
1 Notizbuch A5 (15 × 21 cm)

SO GEHT'S

VORBEREITUNG

Für den Umschlag ein Rechteck 22 × 32 cm aus dem gelben gemusterten Stoff und ein Rechteck 22 × 32 cm aus dem blauen Futterstoff zuschneiden. Für die Klappen zwei Rechtecke 8 × 22 cm aus dem gelben gemusterten Stoff zuschneiden.

Die Stoffstücke versäubern.

Möglicherweise müssen Sie die Maße Ihrem Notizbuch anpassen. Messen Sie dieses aus. Zu jedem Maß geben Sie 1,5 cm dazu (1 cm für die Nahtzugabe auf beiden Seiten + 0,5 cm zum Einschieben des Notizbuchs).

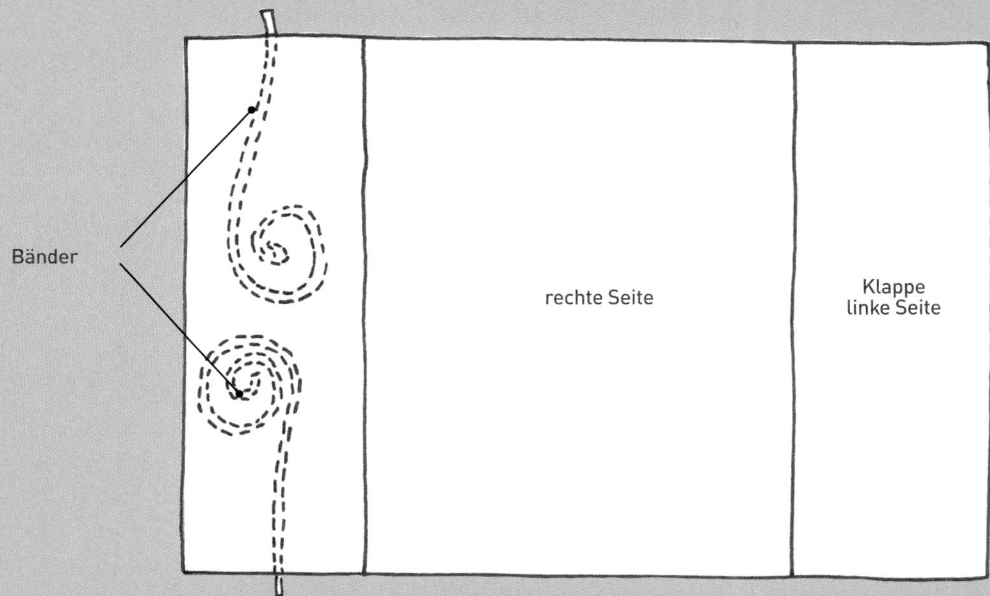

An einer langen Seite jedes kleinen Rechtecks einen Saum nähen. Hierzu erst 0,5 cm, dann 1 cm nach innen umschlagen. Bügeln. Mit der Maschine den Saum entang der gesamten Kante absteppen.

Das Stoffband in zwei gleich lange Stücke schneiden.

FERTIGSTELLUNG

Den gelben Stoff mit rosa Punkten mit der rechten Seite nach oben auf eine glatte Fläche legen. Die beiden Bänder wie abgebildet darauflegen, die Enden etwas überstehen lassen. Feststecken. Jedes Band einrollen, damit es nicht in die Naht gerät.

Die beiden Klappen rechts auf rechts so auf das große gepunktete Rechteck legen, dass die Außenkanten übereinander liegen, der Saum zeigt jeweils zur Mitte.

Das Rechteck aus blauem Futterstoff mit der rechten Seite nach unten darauflegen. 0,5 cm vom Rand mit der Maschine zusammennähen, dabei eine Wendeöffnung lassen. Die Ecken schräg abschneiden, die Nahtzugaben auseinander bügeln. Auf rechts wenden.

Die Klappen nach innen umschlagen. Die Wendeöffnung mit kleinen Matratzenstichen schließen. Bügeln. Das Notizbuch in die Hülle schieben. Zum Schließen die Bänder zu einer hübschen Schleife binden.

Sitzhockerbezug

0,5 cm Nahtzugabe enthalten

MATERIAL

Die angegebenen Maße beziehen sich auf einen Hocker mit den Maßen 38 x 38 x 38 cm, der aus einem Unterbau und einem Sitzkissen besteht. Kissen und Hockerunterbau erhalten getrennte Bezüge.

110 × 140 cm rot gemusterter Baumwollstoff für die Bezüge
4,50 m Paspel in kräftigem Blau
Passendes Nähgarn
Nähzeug
Nähmaschine

SO GEHT'S

VORBEREITUNG DES KISSENBEZUGS

Zwei rote Stoffquadrate mit 40 cm Kantenlänge und vier Rechtecke 10 × 40 cm für die Seiten zuschneiden. Zwei 165 cm lange Stücke Paspel abschneiden.

Die Paspel auf die beiden Stoffquadrate legen: Die Paspel auf der rechten Seite vollständig um jedes Quadrat legen. Der dicke Teil der Paspel zeigt zur Mitte des Quadrats. Die Paspel nach und nach anheften. Dann 0,5 cm vom Rand mit der Maschine annähen. Ein passender Nähfuß erleichtert das Annähen der Paspel.

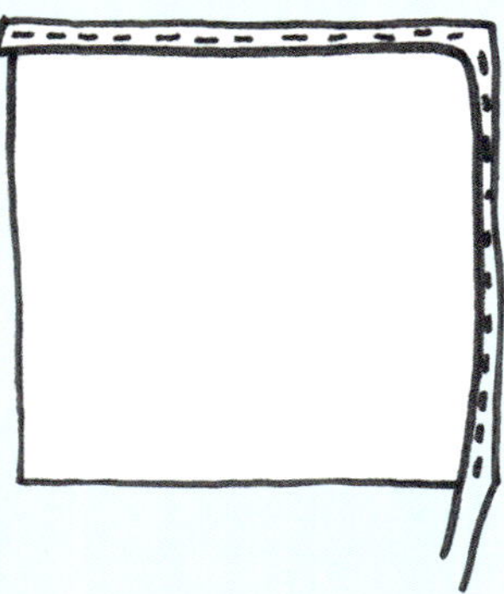

Die Enden der Paspel möglichst in einer Ecke übereinanderlegen. Das kaschiert den Übergang.

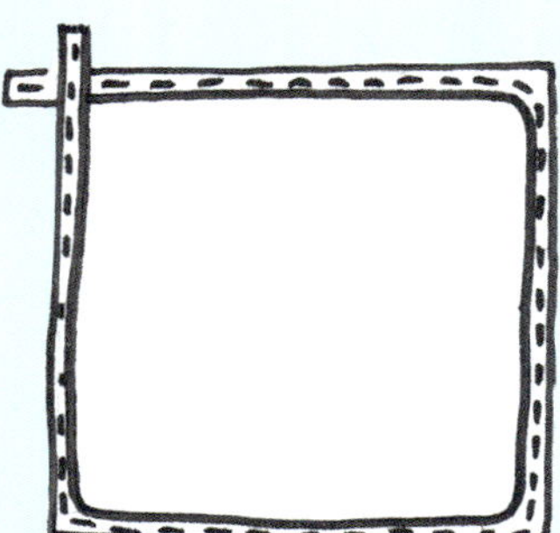

FERTIGSTELLUNG DES KISSENBEZUGS

Die Kissenoberseite mit den vier Seitenteilen verbinden. Hierzu jedes Seitenteil rechts auf rechts auf das obere Quadrat legen. 0,5 cm vom Rand zusammennähen. Die Nähte jeweils 0,5 cm vom Rand entfernt beginnen und beenden.

Die Seitenteile rechts auf rechts miteinander verbinden. 0,5 cm vom Rand zusammennähen. Die Nähte jeweils 0,5 cm vom Rand entfernt beginnen und beenden.

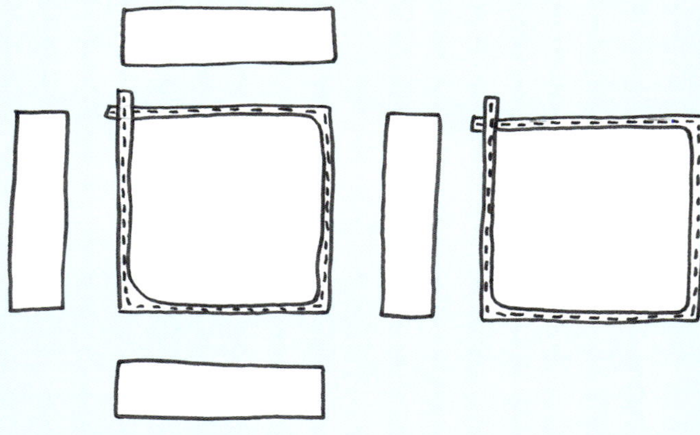

Das Quadrat für die Kissenunterseite und die Seitenteile zusammennähen. Darauf achten, dass die Kanten und Ecken übereinanderliegen. 0,5 cm vom Rand zusammennähen. Eine große Wendeöffnung lassen. Die Ecken schräg abschneiden. Auf rechts wenden. Das Kissen in den Bezug schieben. Die Wendeöffnung mit kleinen Matratzenstichen schließen.

VORBEREITUNG DES BEZUGS FÜR DEN UNTERBAU

Ein Quadrat mit 40 cm Kantenlänge für oben und vier Rechtecke 30 × 40 cm für die Seiten zuschneiden. Vier 30 cm lange Stücke Paspel abschneiden.

Ein Stück Paspel entlang einer der kurzen Kanten auf die rechte Stoffseite jedes Seitenrechtecks legen. Die Paspel heften, dann annähen.

FERTIGSTELLUNG DES BEZUGS FÜR DEN UNTERBAU

Das Quadrat für die Oberseite des Bezugs mit den vier Seitenteilen verbinden. 0,5 cm vom Rand zusammennähen.

Die Seitenteile an den Kanten jeweils rechts auf rechts legen, dann miteinander vernähen. Die Ecken schräg abschneiden. Entlang der Unterkante des gesamten unteren Bezugs einen schmalen Saum nähen: 1 cm nach innen umschlagen, dann erneut 2 cm umschlagen. Bügeln. Rundherum mit der Maschine festnähen. Den Bezug auf rechts wenden.

Den Bezug über den Unterbau des Hockers ziehen.

Pendelleuchte

0,5 cm Nahtzugabe enthalten

MATERIAL

5 cm × 3 m gemusterter Baumwollstoff in Rosa (oder 3 m breites Schrägband)
Weißleim oder Vinyl-Bastelkleber
Passendes Nähgarn
Nähzeug
Nähmaschine
1 hübsche Lampenfassung
1 Stecker
3 m Stromkabel (die Länge an Ihren Bedarf anpassen)
1 Wendenadel

SO GEHT'S

VORBEREITUNG

Den Umfang des Stromkabels mit einem Maßband messen. Zu diesem Maß 1,3 cm dazugeben. Einen Stoffstreifen im ermittelten Maß × Länge des Stromkabels aus rosa Stoff zuschneiden. Wenn die Maße passen, können Sie auch ein fertiges Schrägband verwenden.

Den Stoffstreifen oder das Schrägband über die gesamte Länge rechts auf rechts auf die Hälfte falten. 0,5 cm vom Rand zusammennähen. Die Nahtzugabe auf ca. 3 mm zurückschneiden.

Den Stoffstreifen oder das Schrägband mit viel Geduld und mit einer Wendenadel (oder einem Schlauchwender) wenden. Dies ist der schwierigste Teil des Projekts.

FERTIGSTELLUNG

Das Stromkabel durch den Stoffschlauch fädeln. Hierzu eine Sicherheitsnadel an einem Ende des Kabels anbringen. Nun das Kabel durch den Stoffschlauch schieben.

Die Enden des Stoffschlauchs auf die Enden des Kabels kleben. Das Stromkabel an die Fassung und den Stecker montieren. Die Enden des Stoffschlauchs in der Fassung und dem Stecker verbergen (Achtung: nur sehr wenig Stoff überstehen lassen).

SICHERHEITSHINWEIS

Verwenden Sie nur Energiesparlampen, die nicht heiß werden. Eine eingeschaltete Lampe nie liegen lassen, sondern aufhängen.

Reinigungstücher-Set

0,5 cm Nahtzugabe enthalten

MATERIAL

Für ein Reinigungstuch:
11 × 11 cm doppellagige Gaze
11 × 11 cm gemusterter Baumwollstoff
Passendes Nähgarn

Für die Hülle:
24 × 30 cm doppellagige Gaze
24 × 30 cm gemusterter Baumwollstoff
24 × 30 cm Molton
60 cm Baumwollband
Passendes Nähgarn
Nähzeug
Nähmaschine
Bügeleisen

HAND
LOTION

SO GEHT'S

REINIGUNGSTÜCHER

Ein Quadrat doppellagige Gaze und ein Quadrat Baumwollstoff rechts auf rechts übereinanderlegen. 0,5 cm vom Rand rundherum zusammennähen, dabei eine Wendeöffnung lassen. Die Ecken schräg abschneiden. Auf rechts wenden. Mit dem Bügeleisen gut glätten und nah am Rand rundherum absteppen, dabei darauf achten, die Wendeöffnung mit der Steppnaht zu schließen.

HÜLLE

Das Schnittmuster auf die doppellagige Gaze, den Baumwollstoff und den Molton übertragen. Die Stoffe zuschneiden.

Die beiden Stoffe rechts auf rechts auf den Molton legen. Das Band dazwischenschieben. Alles zusammenstecken. 0,5 cm vom Rand entlang der gesamten Kante nähen, dabei eine Wendeöffnung lassen. Die Ecken schräg abschneiden. Auf rechts wenden, so dass der Molton in der Mitte liegt. Gut bügeln. Nah am Rand rundherum absteppen, dabei darauf achten, die Wendeöffnung mit der Steppnaht zu schließen. Zwischen den Vierecken absteppen, so dass in der Mitte ein Quadrat entsteht 1.

SCHNITTMUSTER FÜR DIE HÜLLE

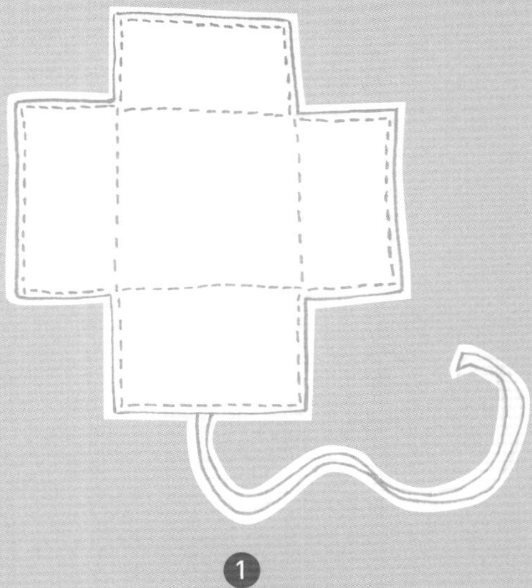

1

Wandorganizer

MATERIAL

2 Quadrate 60 × 60 cm aus weißem Wollfilz*
23 × 26 cm hellgrüner Wollfilz
23 × 26 cm korallenroter Wollfilz
13 × 11 cm dunkelgrüner Wollfilz
13 × 26,5 cm rosa Wollfilz
Passendes Nähgarn
3 Ösen
Ösenzange
Nähzeug
Nähmaschine

* Vorzugsweise Filz aus 100 % Wolle verwenden.
Er lässt sich leichter verarbeiten und ist viel haltbarer.

SO GEHT'S

VORBEREITUNG

Zwei Rechtecke 13 × 11 cm und ein Rechteck 13 × 23 cm aus dem hellgrünen Wollfilz zuschneiden.

Zwei Rechtecke 13 × 23 cm aus dem korallenroten Wollfilz zuschneiden.

Ein Rechteck 13 × 6 cm und ein Rechteck 13 × 7 cm aus dem dunkelgrünen Wollfilz zuschneiden.

Zwei Rechtecke 13 × 6 cm und ein Rechteck 13 × 14,5 cm aus dem rosa Wollfilz zuschneiden.

FERTIGSTELLUNG

Auf ein Quadrat aus weißem Wollfilz die Taschen wie aus dem Schema ersichtlich auflegen 1.

Jede Tasche 0,3 cm vom Rand mit passendem Nähgarn an drei Seiten auf den weißen Wollfilz nähen.

Die großen Taschen auch in der Mitte absteppen bzw. mit zwei Nähten in mehrere Fächer unterteilen 2.

Die beiden Quadrate aus weißem Wollfilz übereinanderlegen und 0,3 cm vom Rand mit weißem Garn rundherum zusammennähen.

Die Ösen mit 1,5 cm Abstand vom Rand in der Mitte sowie in der linken und rechten Ecke anbringen (der Gebrauchsanleitung des Herstellers für das Anbringen der Ösen folgen).

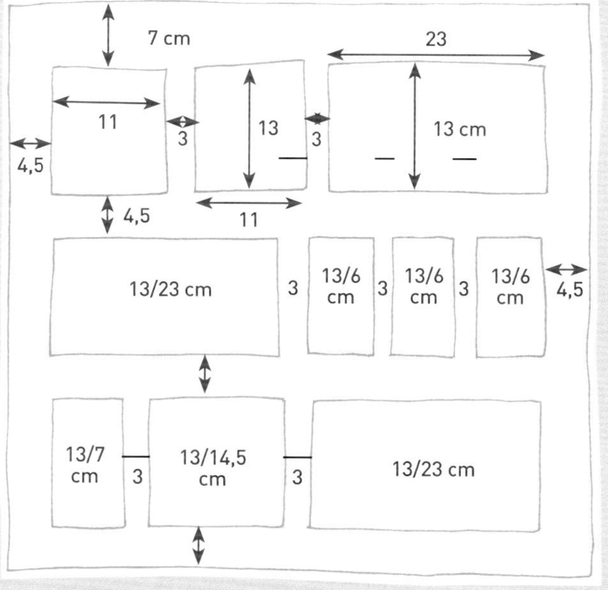

1

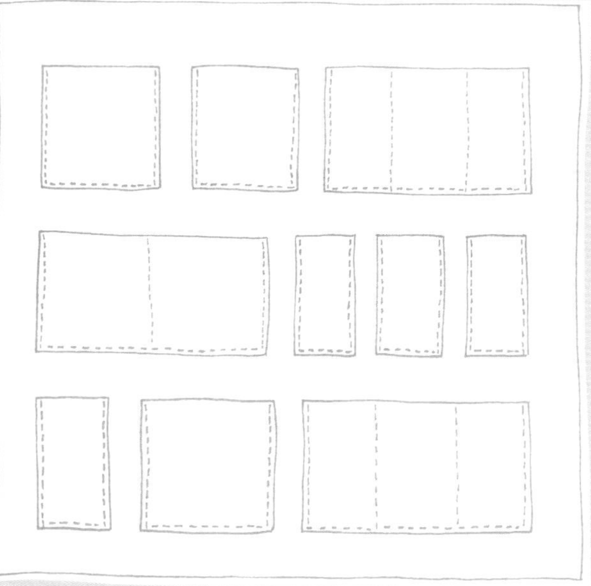

2

Kissen mit Zierpaspel

0,5 cm Nahtzugabe enthalten

MATERIAL

2 Rechtecke 42 × 26 cm aus gemustertem Baumwollstoff
140 cm passende Paspel in Uni
Kissenfüllung
Passendes Nähgarn
Nähzeug
Nähmaschine

SO GEHT'S

VORBEREITUNG

Die Paspel entlang der Außenkante auf die rechte Stoffseite eines der Rechtecke legen. Der dicke Teil der Paspel zeigt dabei zur Mitte. An einer Ecke die Enden der Paspel übereinanderlegen. Die Paspel 0,5 cm vom Rand annähen (ein passender Nähfuß erleichtert das Annähen) 1

FERTIGSTELLUNG

Das zweite Rechteck rechts auf rechts auf das erste Rechteck legen und 0,5 cm vom Rand rundherum zusammennähen, dabei eine Wendeöffnung lassen 2.

Die Ecken schräg abschneiden. Auf rechts wenden. Das Kissen füllen und die Wendeöffnung mit der Hand mit kleinen Matratzenstichen schließen.

Handy-Ladetasche

MATERIAL

22 × 27 cm grüner Wollfilz*
Passendes Nähgarn
Nähzeug
Nähmaschine

* Vorzugsweise Filz aus 100 % Wolle verwenden.
Er lässt sich leichter verarbeiten und ist viel haltbarer.

SO GEHT'S

VORBEREITUNG

Zwei Rechtecke 9 × 22 cm und ein Rechteck 9 × 14 cm aus grünem Wollfilz zuschneiden.

Aus den beiden großen Rechtecken mit 1,5 cm Abstand vom oberen Rand ein Rechteck 2,5 × 4 cm ausschneiden 1.

FERTIGSTELLUNG

Die beiden großen Rechtecke übereinanderlegen und das offene Rechteck in der Mitte 0,3 cm vom Rand rundherum absteppen 2.

Die drei Rechtecke übereinander legen und 0,3 cm vom Rand entlang der Außenkante der großen Rechtecke absteppen, dabei das kleine Rechteck an der Oberseite offen lassen 3.

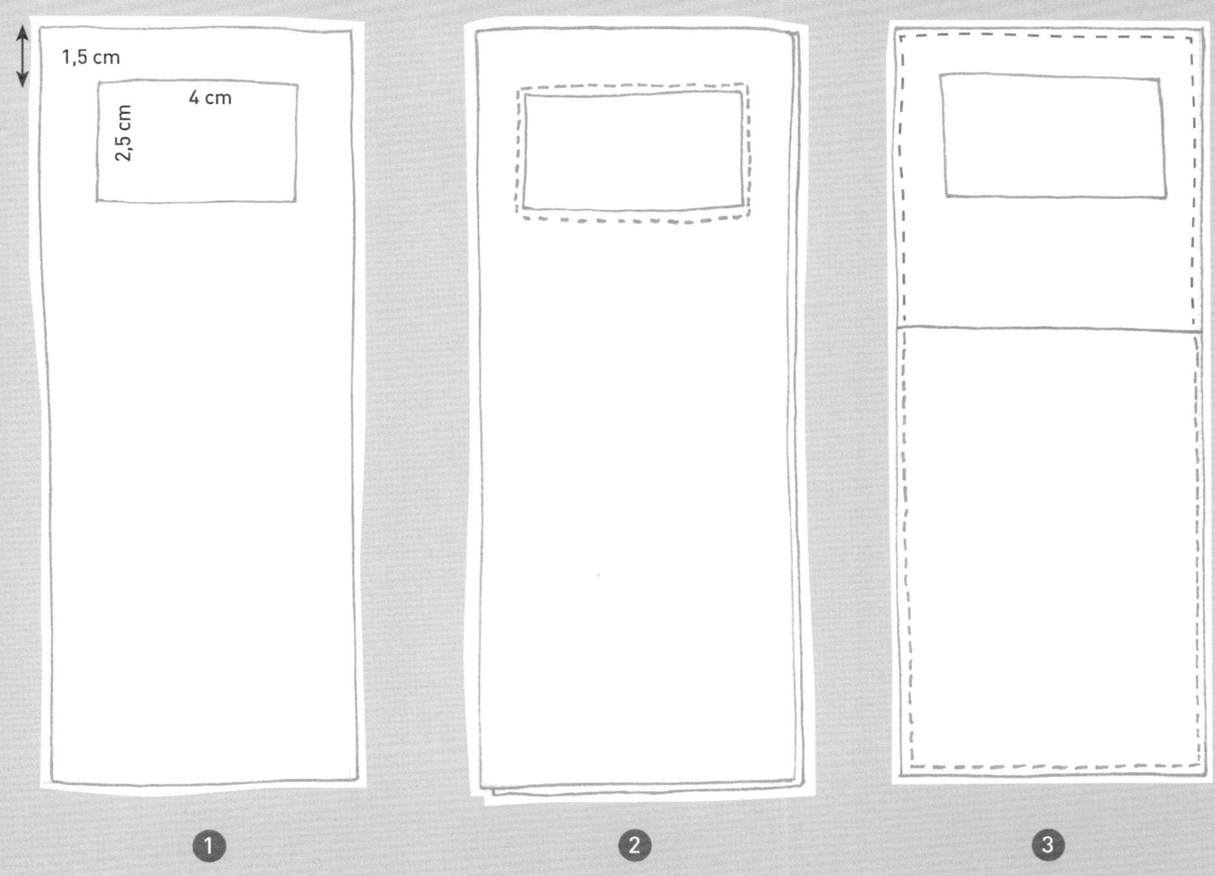

Nähetui

0,5 cm Nahtzugabe enthalten

MATERIAL

24 × 48 cm gemusterter senffarbener Stoff
24 × 48 cm gemusterter oranger Stoff
24 × 24 cm Molton
10 × 4 cm hellgrauer Wollfilz*
60 cm weißes Baumwollband
Passendes Nähgarn
Nähzeug
Nähmaschine
Bügeleisen

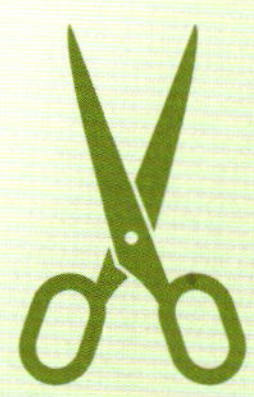

* Vorzugsweise Filz aus 100 % Wolle verwenden.
Er lässt sich leichter verarbeiten und ist viel haltbarer.

SO GEHT'S

VORBEREITUNG

Zwei Quadrate 24 × 24 cm aus dem senffarbenen Stoff zuschneiden.

Ein Rechteck 24 × 12 cm und ein Rechteck 13 × 11 cm aus dem orangen Stoff zuschneiden.

An einer der langen Kanten des 24 × 12 cm großen Rechtecks aus orangem Stoff 1 cm umschlagen, den Umschlag bügeln und festnähen.

An einer der langen Kanten des 13 × 11 cm großen Rechtecks aus orangem Stoff 1 cm umschlagen, den Umschlag bügeln und festnähen. An der linken Seitenkante des 13 × 11 cm großen Rechtecks ebenfalls 1 cm umschlagen, den Umschlag bügeln.

Ein senffarbenes Quadrat auf die Hälfte falten und den Knick bügeln, dann wieder auffalten.

FERTIGSTELLUNG

Anhand des Schemas die orangen Taschen links auf rechts auf eines der senffarbenen Stoffquadrate legen. An drei Seiten aufnähen und durch Absteppen in beliebig große Taschen unterteilen 1.

Den Wollfilz der Länge nach in der Mitte falten und den Knick bügeln, dann wieder auffalten. Auf den senffarbenen Stoff legen und entlang des Knicks steppen 2.

Den senffarbenen Stoff mit den angenähten Taschen nach oben auf das Moltonquadrat legen.

Den zweiten senffarbenen Stoff rechts auf rechts auf den ersten legen. Das Band dazwischen legen und nach innen schieben. Feststecken. 0,5 cm vom Rand steppen, dabei eine Wendeöffnung lassen 3.

Die Ecken schräg abschneiden. Durch die Wendeöffnung auf rechts wenden und nah am Rand rundherum absteppen, dabei darauf achten, die Wendeöffnung mit der Steppnaht zu schließen.

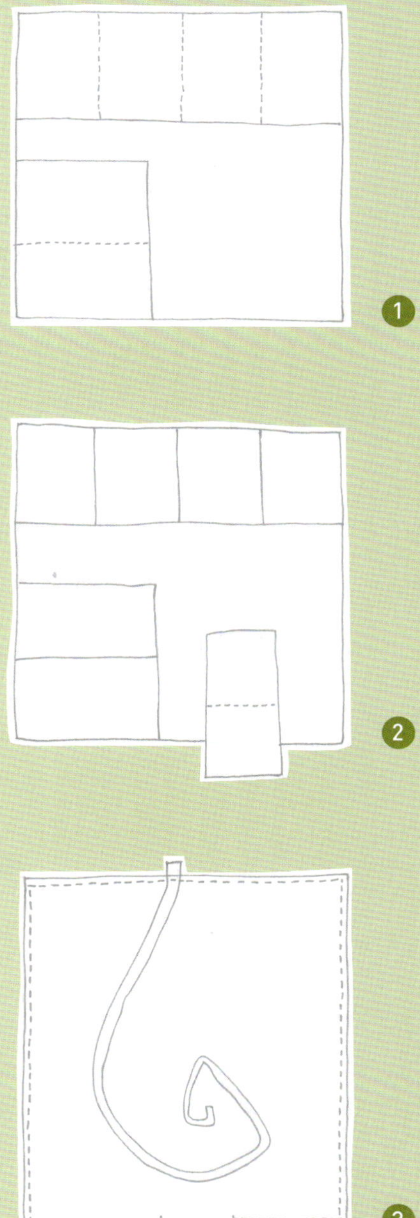

Etui für Aquarellutensilien

0,5 cm Nahtzugabe enthalten

MATERIAL

17 × 51 cm gemusterter fester Stoff
4 cm Klettband
20 cm Kordel
Passendes Nähgarn
Nähzeug
Nähmaschine
Bügeleisen

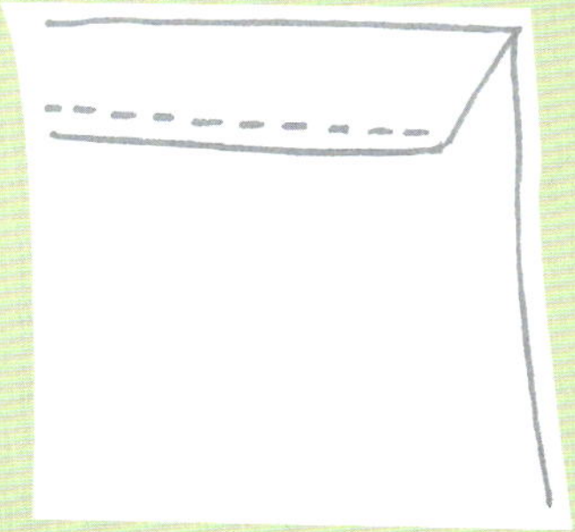

1

1,5 cm

2

3

SO GEHT'S

VORBEREITUNG

Zwei Rechtecke 7 × 22 cm, ein Rechteck 7 × 17 cm und einen Streifen 2,5 × 51 cm aus dem festen Stoff zuschneiden. Die Kordel in der Mitte durchschneiden.

An der kurzen Seite des kleinen Rechtecks 1 cm umschlagen, bügeln und entlang der Kante feststeppen (1). Das Klettband in der Mitte durchschneiden.

FERTIGSTELLUNG

Das kleine Rechteck links auf rechts auf eines der großen Rechtecke legen. 0,3 cm vom Rand an drei Seiten aufnähen, oben an der gesäumten Kante offen lassen. Das kleine Rechteck der Länge nach alle 1,5 cm absteppen (2).

Den Stoffstreifen rechts auf rechts entlang der langen Kante eines großen Rechtecks legen und stecken, dann entlang der kurzen und der gegenüberliegenden langen Kante legen und stecken. 0,5 cm vom Rand rundherum aufnähen (3).

(4)

Das andere große Rechteck an der anderen Seite des Stoffstreifens wie oben beschrieben ebenfalls rechts auf rechts annähen. Dabei darauf achten, dass die Ecken übereinstimmen.

An der Öffnung 1 cm umschlagen, bügeln und feststeppen. Die beiden Klettbänder beidseits der Innenseite auflegen. Eine Kordel unter jedes Klettband schieben und die Klettbänder rundherum aufnähen (4).

Beutel und Täschchen

Patchwork-Schminktäschchen

0,5 cm Nahtzugabe enthalten

MATERIAL

20 × 35 cm violetter gemusterter Baumwollstoff für Patchwork
35 × 50 cm rosa Baumwollstoff für Patchwork und Futter
Passendes Nähgarn
1 Reißverschluss, 25 cm lang
20 cm grünes Satinband, 0,5 cm breit
Nähzeug
Nähmaschine
Bügeleisen

SO GEHT'S

VORBEREITUNG DES PATCHWORKS

Acht Quadrate 8 × 8 cm aus dem rosa und dem violetten Stoff und zusätzlich zwei Rechtecke 15 × 28 cm aus dem rosa Stoff zuschneiden. Die Quadrate sehr genau und im rechten Winkel zuschneiden.

ZUSAMMENNÄHEN DES PATCHWORKS

Vier Quadrate in der folgenden Reihenfolge zu einem Streifen zusammennähen: rosa, violett, rosa, violett. Die Nahtzugaben auseinanderbügeln. Einen zweiten identischen Streifen nähen.

Zwei weitere Streifen zusammennähen, dieses Mal in der Reihenfolge violett, rosa, violett, rosa. Die Nahtzugaben auseinanderbügeln.

Einen Streifen der ersten Reihenfolge und einen Streifen der zweiten Reihenfolge zusammennähen. Auf diese Weise zwei Patchwork-Rechtecke nähen.

FERTIGSTELLUNG DES TÄSCHCHENS

Den Reißverschluss rechts auf rechts am oberen Rand eines Patchwork-Rechtecks auflegen. Ein rosa Rechteck rechts auf rechts darüberlegen, so dass der Reißverschluss zwischen den zwei Lagen liegt. Am oberen Rand annähen.

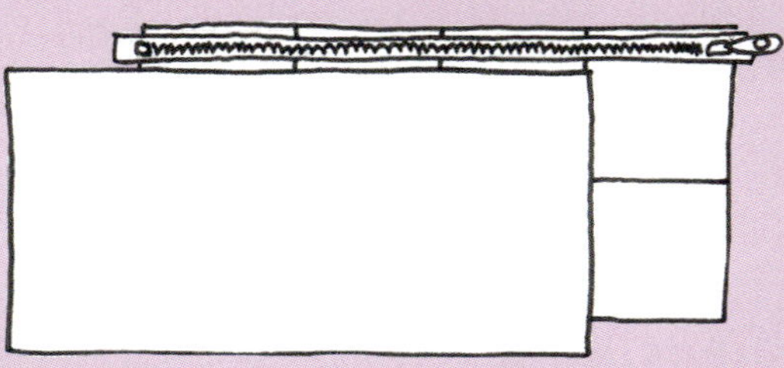

Die Stoffe links auf links legen, so dass der Reißverschluss freiliegt und ihn auf der anderen Seite ebenso einnähen.

Die Nahtzugaben auseinanderbügeln. Den Reißverschluss öffnen. Den Schieber 3 cm vor Reißverschlussende positionieren, er soll beim Nähen nicht stören. Die beiden rosa Futterstoff-Rechtecke und die beiden Patchwork-Rechtecke jeweils rechts auf rechts legen.

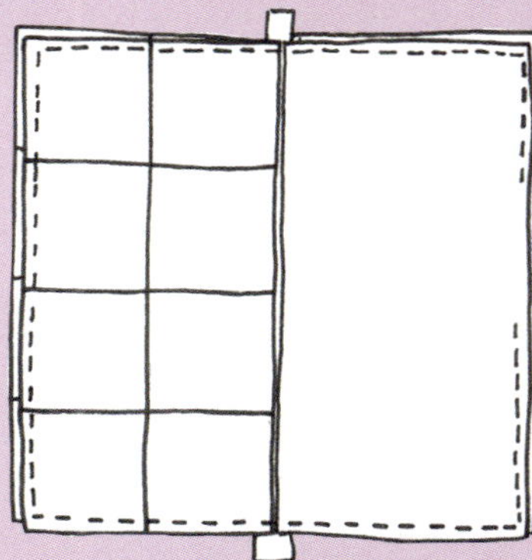

Das Täschchen an vier Seiten zusammennähen, im Futter eine Wendeöffnung lassen. Die Ecken schräg abschneiden.

Das Täschchen auf rechts wenden. An der Wendeöffnung einen kleinen Rand nach innen umschlagen, dann die Öffnung im Matratzenstich schließen. Das rosa Futter in das Patchwork-Täschchen schieben.

Das grüne Band an den Reißverschluss-Schieber knoten.

Geblümtes Visitenkartenetui

0,5 cm Nahtzugabe enthalten

MATERIAL

20 × 25 cm geblümter Baumwollstoff als Oberstoff
12 × 70 cm rosa Baumwollstoff für das Futter
20 × 25 cm Bügelvlies
6 cm Klettband, 2 cm breit
Passendes Nähgarn
Nähzeug
Nähmaschine
Bügeleisen

THE
SHOP
Carte strictement personnelle donnant droit à
une réduction de 10%* sur présentation en caisse.
Valable du 1er janvier au 31 décembre 2014
The Conran Shop - 117 rue du Bac 75007

SO GEHT'S

VORBEREITUNG

Auf den geblümten Stoff das Bügelvlies aufbügeln, dabei die Dampffunktion abstellen. So wird der Stoff etwas dicker und steifer.

Ein Rechteck 11 × 21 cm aus dem geblümten Stoff für außen, zwei Rechtecke 4 × 11 cm aus dem geblümten Stoff für den Verschluss und ein Rechteck 11 × 69 cm aus dem rosa Stoff für das Futter zuschneiden.

Die Verschlusslasche vorbereiten: Den Schlaufenteil des Klettverschlusses mit 2 cm Abstand zu einer der kurzen Kanten mittig auf ein kleines Rechteck legen. Annähen.

Die beiden Rechtecke für die Verschlusslasche rechts auf rechts legen. An drei Seiten 0,5 cm vom Rand zusammennähen. Die Nahtzugaben auseinanderbügeln. Die Ecken schräg abschneiden. Auf rechts wenden.

Den rosa Stoff in Falten legen: Den Stoff in der Mitte falten. Den Knick in der Mitte bügeln, er dient als Orientierung. Rechts und links des Knicks jeweils eine Reihe große flache Falten legen. Eine erste Falte von 4 cm, eine zweite von 6 cm und dann wieder eine von 4 cm legen. Danach erneut eine Falte von 6 cm und eine von 4 cm legen. Die Falten bügeln. Die zweite Faltenreihe zur anderen Seite symmetrisch legen. Die Falten nah am Rand absteppen.

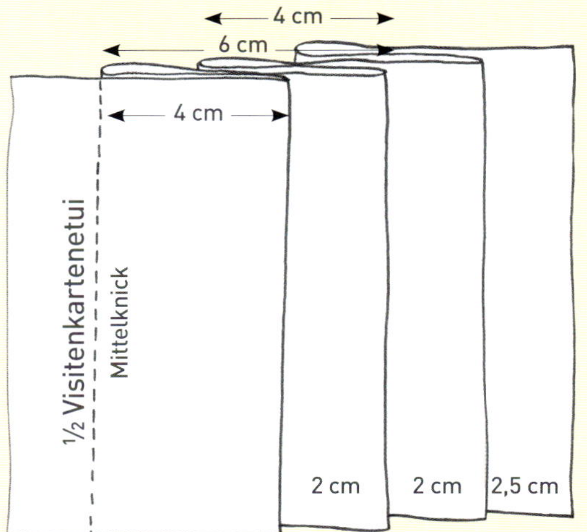

FERTIGSTELLUNG

Den Widerhakenteil des Klettbands 2,5 cm vom Rand der Schmalseite mittig auf die rechte Seite des Blümchenstoffs legen und annähen. Die Lasche (gegenüber vom Klettband) auf rechts auf den Blümchenstoff legen. Die Lasche zeigt nach innen.

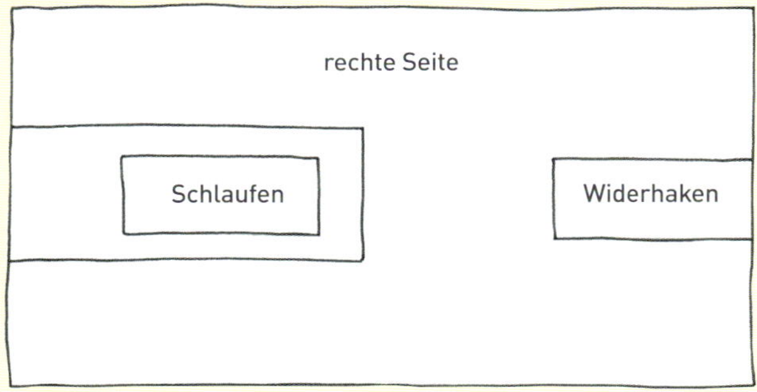

Das in Falten gelegte rosa Rechteck rechts auf rechts darauflegen. 0,5 cm vom Rand zusammennähen, dabei eine Wendeöffnung lassen. Die Ecken schräg abschneiden. Wenden. An der Öffnung einen kleinen Umschlag legen. Diesen mit dem Fingernagel feststreichen. Die Öffnung mit Matratzenstichen schließen.

Das Visitenkartenetui 0,5 cm vom Rand rundherum absteppen.

Tablet-Hülle

0,5 cm Nahtzugabe enthalten

MATERIAL

30 × 45 cm gemusterter Baumwollstoff (hier: Eiffelturm-Motiv) als Oberstoff
30 × 45 cm rosa Baumwollstoff für das Futter
20 × 52 cm Molton
1 farblich passender Reißverschluss, 20 cm lang
Passendes Nähgarn
Nähzeug
Nähmaschine
Bügeleisen

SO GEHT'S

VORBEREITUNG

Zwei Rechtecke 22 × 28 cm aus dem Stoff mit Eiffelturm-Motiv (Darauf achten, den Stoff immer so zuzuschneiden, dass die Eiffeltürme in die richtige Richtung zeigen!), zwei Rechtecke 22 × 28 cm aus dem rosa Stoff und zwei Rechtecke 20 × 26 cm aus dem Molton zuschneiden.

Die Kanten der Rechtecke versäubern.

EINSETZEN DES REISSVERSCHLUSSES

Den Reißverschluss schließen, um die Stoffe gut auflegen zu können. Den Reißverschluss rechts auf rechts am oberen Rand eines Rechtecks mit Eiffelturm-Motiv auflegen. Den oberen Teil des Reißverschlusses mit dem Stoff zusammenheften.

Den rosa Futterstoff rechts auf rechts auflegen, ebenfalls heften. Der Reißverschluss befindet sich nun zwischen dem Stoff mit Eiffelturm-Motiv und dem rosa Futterstoff. Über den Heftfaden steppen. Die Naht 1 cm vom Rand beginnen und beenden. Mit einem passenden Nähfuß lässt sich ein Reißverschluss sehr viel einfacher einnähen.

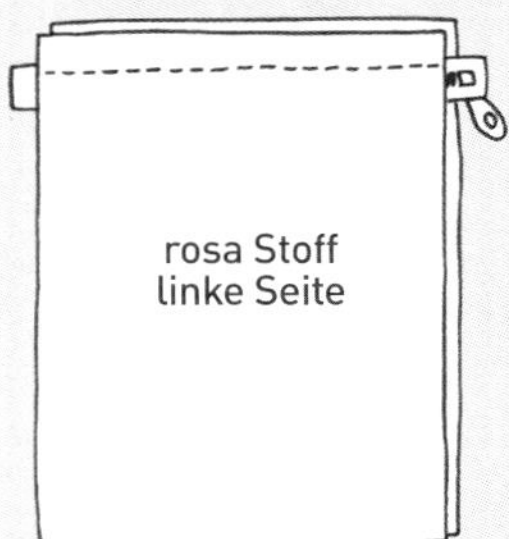

Den Reißverschluss freilegen, indem die Stoffe links auf links gewendet werden. Die rechten Seiten sind nun zu sehen. Die Naht durch leichtes Bügeln flach drücken. Mit dem Bügeleisen nicht über den Reißverschluss bügeln!

Den zweiten rosa Futterstoff rechts auf rechts auf den angenähten rosa Stoff und über den Reißverschluss legen und an die andere Seite des Reißverschlusses heften.

Wenden, um die Oberseite des Reißverschlusses freizulegen.

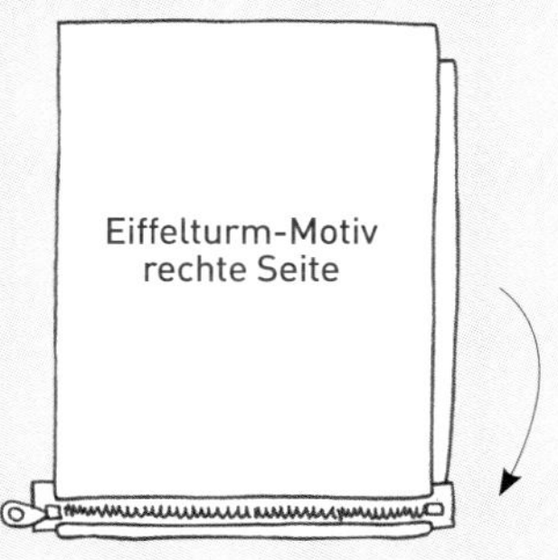

Den zweiten Stoff mit Eiffelturm-Motiv mit der rechten Seite auflegen. Darauf achten, dass die Spitzen der Eiffeltürme Richtung Reißverschluss zeigen. Heften.

Die zweite Seite des Reißverschlusses nähen. Die Naht 1 cm vom Rand beginnen und beenden. Die Heftfäden herausziehen. Jede Seite des Reißverschlusses liegt zwischen zwei Stofflagen: dem Stoff mit Eiffelturm-Motiv und dem Futterstoff.

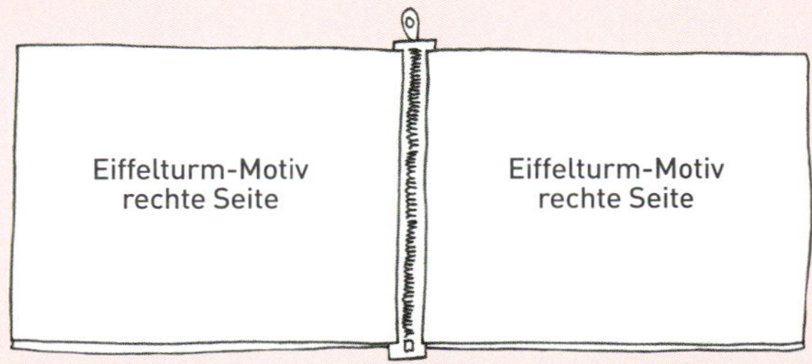

FERTIGSTELLUNG DER HÜLLE

Die Arbeit wenden, die Eiffelturm-Motive und die Futterstoffe rechts auf rechts legen. Die Nähte glatt bügeln. Den Reißverschluss öffnen.

Den Außenstoff mit Eiffelturm-Motiv 0,5 cm vom Rand an drei Seiten zusammennähen. Anschließend drei Seiten des rosa Futterstoffs zusammennähen, dabei eine große Wendeöffnung lassen. Nicht mit der Maschine über den Reißverschluss nähen, stattdessen in zwei Arbeitsgängen nähen, um die Maschine nicht zu beschädigen!

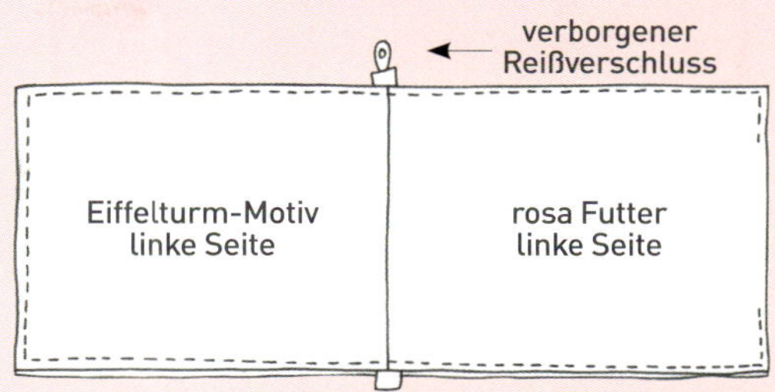

Die Ecken schräg abschneiden. Die Nahtzugaben auseinanderbügeln. Die gesamte Arbeit auf rechts wenden.

Die beiden Molton-Rechtecke zwischen die Stofflagen mit Eiffelturm-Motiv schieben. Die Wendeöffnung mit Matratzenstichen schließen.

Den rosa Futterstoff in die Hülle zwischen die beiden Moltonlagen schieben. Die Ecken herausdrücken. Die beiden Enden des Reißverschlusses richten: den Schieber freilegen, anschließend die Enden durch eine Reihe von Matratzenstichen sauber schließen.

Wiederverwendbare Lunchbag

0,5 cm Nahtzugabe enthalten

MATERIAL

30 × 80 cm gemustertes blaues Wachstuch
20 cm Klettband, 2 cm breit
Passendes Nähgarn
Nähzeug
Nähmaschine

SO GEHT'S

VORBEREITUNG

Aus dem Wachstuch zwei Rechtecke 21 × 25,5 cm für Vorder- und Rückseite, zwei Rechtecke 10 × 25,5 cm für die Seiten und ein Rechteck 21 × 10 cm für den Boden zuschneiden.

Das Klettband auf beide Seiten des Lunchbeutels nähen: Den Widerhakenteil über die gesamte Breite der Rückseite des Beutels (rechte Seite) mit 6 cm Abstand vom oberen Rand auflegen. Das Klettband mit Klebeband fixieren.

Den Schlaufenteil des Klettbands direkt an die Oberkante auf die rechte Seite der Vorderseite legen. Mit Klebeband fixieren.

Die Klettbänder oben und unten aufnähen. Die Klebebänder entfernen.

FERTIGSTELLUNG

Die Schmalseiten von Vorder- und Rückseite passend rechts auf rechts auf den Boden legen. Mit Klebeband fixieren. 0,5 cm vom Rand zusammennähen.

Die Schmalseiten der Seitenteile passend auf den Boden legen. Mit Klebeband fixieren und zusammennähen. Die Naht jeweils 0,5 cm vor der Ecke beginnen und beenden, um nicht über die vorherige Naht zu nähen.

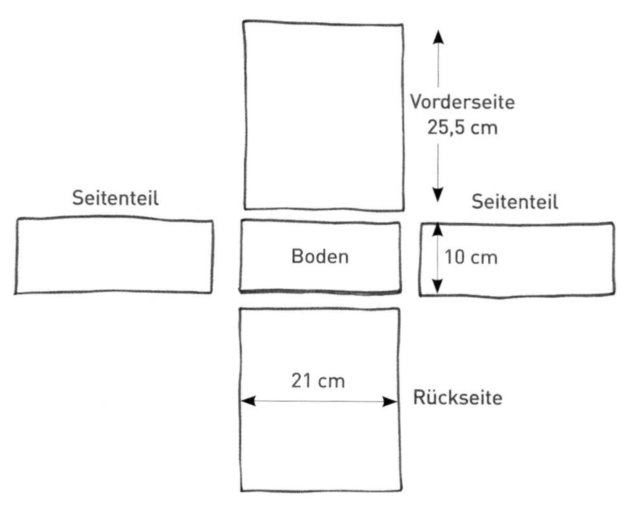

6 cm
Widerhakenteil
Rückseite
rechte Seite
Schlaufenteil
Vorderseite
rechte Seite

Die Längsseiten rechts auf rechts legen und zusammennähen. Die Klettbänder werden dabei mit eingenäht. Mit der Naht jeweils 0,5 cm über dem Boden beginnen. An den Nahtenden jeweils ein paar Stichen vorwärts und rückwärts nähen und sie so verriegeln. Die Ecken schräg abschneiden und den Beutel auf rechts wenden.

Den Beutel falten: Die Seitenteile nach innen drücken, um einen Faltenbalg zu bilden.

Zum Verschließen zweimal umschlagen.

Knallroter Shopper

0,5 cm Nahtzugabe enthalten

MATERIAL

50 × 150 cm gemustertes rotes Wachstuch
1 m Klettband, 1,5 cm breit, falls erhältlich in Rot
Nähgarn in Neonpink
Nähzeug
Nähmaschine

SO GEHT'S

Lesen Sie vorab in der Einleitung (S. 7) den Punkt zum Nähen mit Wachstuch. Dort finden Sie nützliche Infos!

VORBEREITUNG

Aus dem Wachstuch zwei Rechtecke 33,5 × 36 cm für die Vorder- und Rückseite, zwei Rechtecke 27 × 33,5 cm für die Seiten, ein Rechteck 27 × 36 cm für den Boden und zwei Rechtecke 10 × 43 cm für die Henkel zuschneiden.

Die Abnäher vorbereiten: Die Seiten der Tasche haben jeweils einen 1 cm breiten und ca. 11 cm langen Abnäher. Den Abnäher an der kürzeren Seite des Rechtecks arbeiten. Am anderen Seitenteil ebenso verfahren.

FERTIGSTELLUNG

Vorder- und Rückseite rechts auf rechts so auf den Boden legen, dass die Seiten gleicher Abmessung zusammentreffen. Mit Klebeband fixieren. 0,5 cm vom Rand zusammennähen. Ein Seitenrechteck rechts auf rechts auf den Boden legen, der Abnäher ist an der Oberkante. Zusammennähen. Die zweite Seite rechts auf rechts an den Boden nähen. Die Nähte jeweils 0,5 cm vor der Ecke beginnen und beenden.

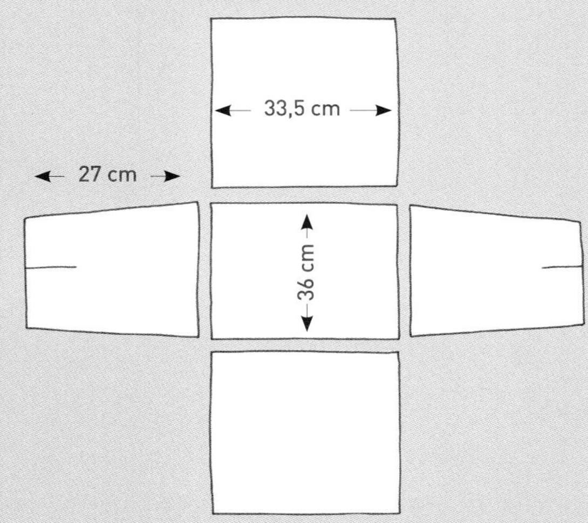

Die Seiten untereinander verbinden, immer zwei rechts auf rechts zusammennähen. Die Ecken schräg abschneiden. Das Klebeband entfernen. Die Oberkante der Tasche muss nicht gesäumt werden, dies ist ein Vorteil der Verwendung von Wachstuch.

Die Henkel vorbereiten: Alle Kanten der beiden großen Streifen 1 cm nach innen umschlagen. Den Knick mit dem Fingernagel nachfahren, da kein Bügeleisen verwendet werden kann. Den Streifen der Länge nach auf die Hälfte falten. Mit Klebeband fixieren. Den Streifen zwischen zwei Blatt Papier schieben, um mit der Maschine nähen zu können. Beide Streifen 0,5 m vom Rand an allen Seiten nähen. Das Klebeband entfernen, das Papier herausreißen. Die Henkel bekommen keinen Saum.

Das Klettband in drei Teile schneiden: ein 34 cm langes und zwei 11 cm lange Stücke. Schlaufen- und Widerhakenteil trennen. Den Schlaufenteil des langen Streifens oben, 0,5 cm vom Rand entfernt, an die Innenseite der Vorder- oder Rückseite legen und oben und unten annähen. Falls Sie Probleme mit dem Nähen haben, nehmen Sie Papier zur Hilfe, wie in der Einleitung auf S. 7 beschrieben. Auf der gegenüberliegenden Seite der Tasche den Widerhakenteil innen anlegen und 0,5 cm vom Rand mit zwei Nähten oben und unten annähen.

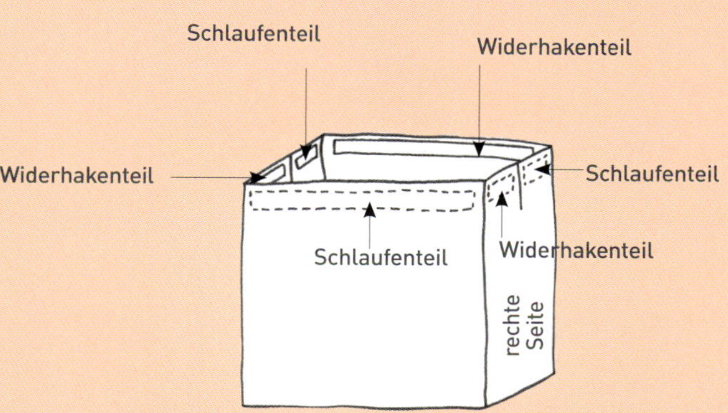

Die beiden 11 cm langen Streifen in derselben Weise auf die Innenseiten die beiden Seitenteile nähen. So platzieren, wie in der Abbildung zu sehen. Bei der gesamten Tasche darauf achten, immer ein Schlaufenteil mit einem Widerhakenteil zu kombinieren. Sonst lässt sich die Tasche nicht schließen.

Die Henkel mit 9 cm Abstand zu den Seitenkanten auf Vorder- und Rückseite legen. Die Henkel unten jeweils mit einem Quadrat und zwei überkreuzten Diagonalen aufnähen. Zum Aufnähen ein kleines Papierquadrat unter den Nähfuß schieben.

Nach dem Nähen das Papier herausreißen.

Pyramidentäschchen

0,5 cm Nahtzugabe enthalten

MATERIAL

14 × 26 cm roter Baumwollstoff mit Blumenmuster
14 × 26 cm grauer Baumwollstoff
1 Reißverschluss, 14 cm lang
Passendes Nähgarn
Nähzeug
Nähmaschine

BON POINT
BON POINT

SO GEHT'S

VORBEREITUNG

Ein Rechteck 14 × 26 cm aus dem roten Stoff als Oberstoff für das Portemonnaie und ein Rechteck 14 × 26 cm aus dem grauen Stoff für das Futter zuschneiden.
Die Kanten versäubern.

Den Reißverschluss (auf rechts) an die kürzere Kante des roten Rechtecks legen. Das graue Rechteck rechts auf rechts darüberlegen. Der Reißverschluss befindet sich mit der Öffnung nach unten zwischen den beiden Lagen. Erst heften, dann nähen.

Die beiden anderen Schmalseiten der Rechtecke (rot und grau) an der anderen Seite des Reißverschlusses annähen.

FERTIGSTELLUNG

Eine Seite des Portemonnaies rechts auf rechts gerade zusammennähen. Für später eine Wendeöffnung im Futter lassen.

Den Reißverschluss öffnen. Auf beiden Stoffen die Mitte (Punkt A) markieren, die gegenüber vom Reißverschlussende liegt, den Stoff hierzu leicht zusammendrücken. Den markierten Punkt zum Reißverschluss bringen (Punkt B), um die Tetraederform zu erzeugen. Auf beiden Seiten mit einer Naht schließen. Die Ecken schräg abschneiden.

Das Portemonnaie durch die Wendeöffnung auf rechts wenden. Die Öffnung mit Matratzenstichen schließen. Das graue Futter in das rote Portemonnaie schieben.

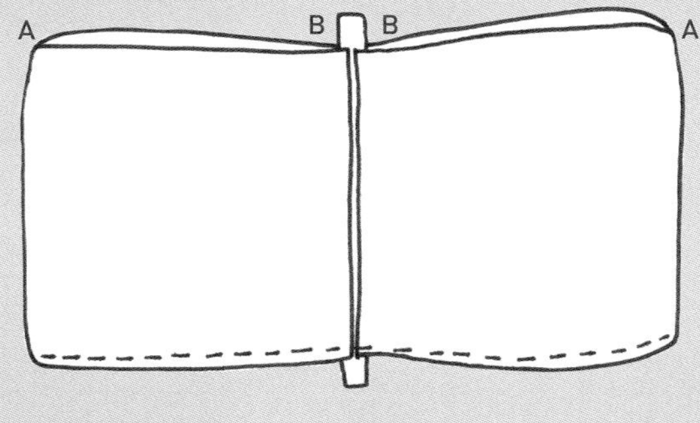

MISS FRANCE
NCE 2030

Faltbare Tasche

0,5 cm Nahtzugabe enthalten

MATERIAL

40 × 100 cm gemusterter Baumwollstoff
16 × 80 cm einfarbiger Baumwollstoff
1 Knopf
15 cm Band
Passendes Nähgarn
1 Sicherheitsnadel
Nähzeug
Nähmaschine
Bügeleisen

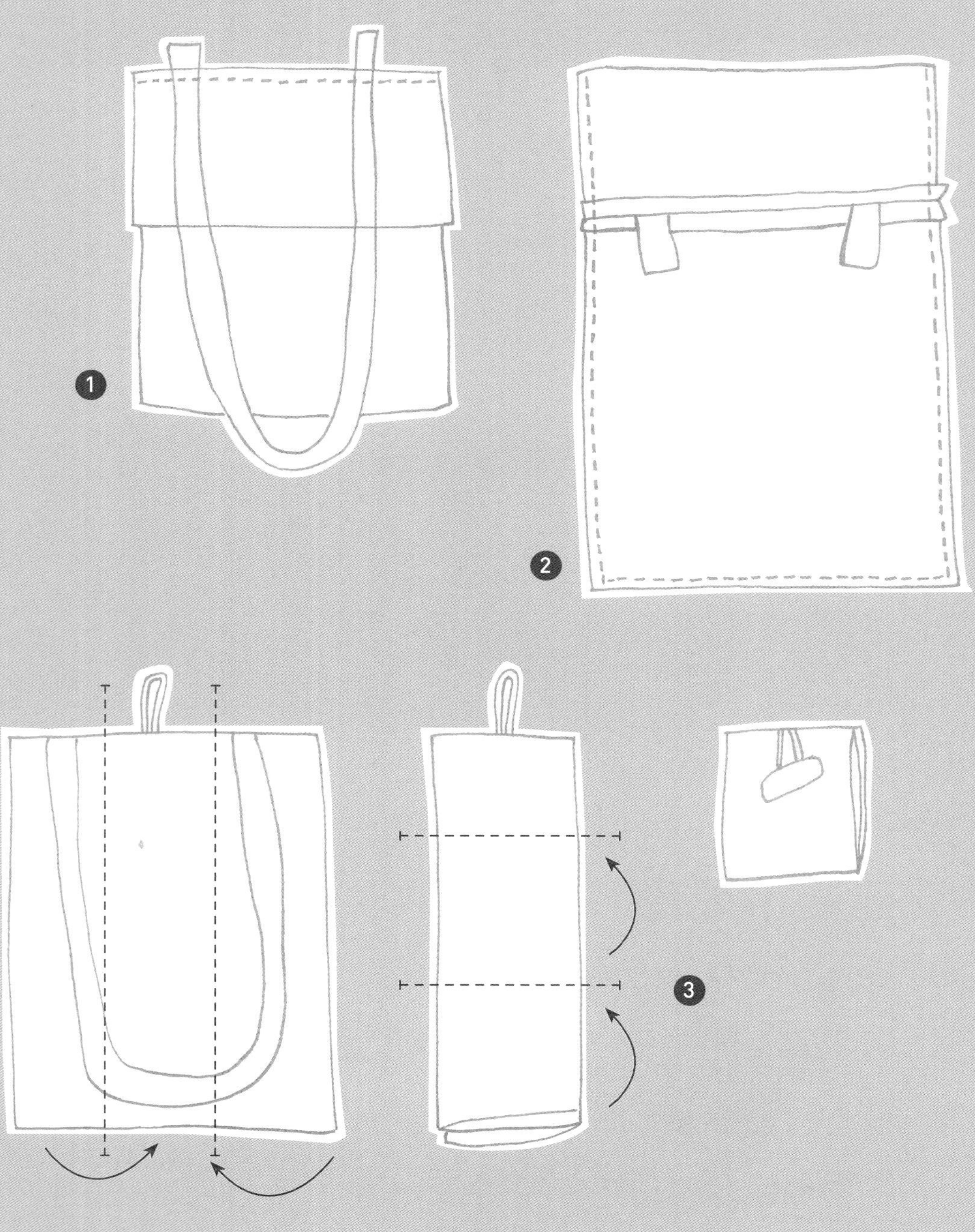
1
2
3

SO GEHT'S

VORBEREITUNG

Zwei Rechtecke 30 × 36 cm und zwei Rechtecke 30 × 20 cm aus dem gemusterten Stoff zuschneiden.

Zwei Rechtecke 8 × 80 cm aus dem einfarbigen Stoff zuschneiden.

DIE HENKEL NÄHEN

Die beiden 8 × 80 cm-Streifen der Länge nach rechts auf rechts in der Mitte zusammenfalten. 0,5 cm vom Rand zusammennähen. Die Henkel mit Hilfe einer Sicherheitsnadel auf rechts wenden. An allen Kanten 0,5 cm vom Rand absteppen.

FERTIGSTELLUNG

Jeweils eins der 30 × 20 cm großen Rechtecke rechts auf rechts auf eins der 30 × 36 cm großen Rechtecke aus gemustertem Stoff legen, dabei die 30 cm langen Kanten übereinanaderlegen. Die Henkel (und auf einer Taschenseite zusätzlich das in der Mitte gefaltete Band) dazwischenschieben. Stecken 1.

Oben zusammennähen, auffalten und die Nahtzugaben auseinanderbügeln. Die beiden Rechtecke rechts auf rechts übereinanderlegen und an drei Seiten 0,5 cm vom Rand zusammennähen. Die Tasche auf rechts wenden 2.

Den Knopf auf der Seite, auf der sich das Band befindet, mit 20 cm Abstand zur Unterkante annähen.

Die Tasche anhand der Zeichnung falten 3.

Geldbeutel

0,5 cm Nahtzugabe enthalten

MATERIAL

15 × 20 cm gemusterter wattierter Stoff
1 farblich passender Reißverschluss, 14 cm lang
Passendes Nähgarn
Nähzeug
Nähmaschine

SO GEHT'S

VORBEREITUNG

Ein Rechteck 10 × 15 cm und zwei Rechtecke 5 × 15 cm aus dem Stoff zuschneiden.

Im Zickzackstich rund um die Rechtecke nähen.

FERTIGSTELLUNG

Den Reißverschluss rechts auf rechts an die Längsseite eines 5 × 15 cm großen Rechtecks legen.

Den passenden Nähfuß in die Nähmaschine einsetzen und den Reißverschluss oben annähen (1).

Auffalten und den Reißverschluss auf die gleiche Weise an das andere 5 × 15 cm große Rechteck nähen.

Die Rechtecke mit dem Reißverschluss rechts auf rechts auf das 10 × 15 cm große Rechteck legen (den Reißverschluss öffnen).

0,5 cm vom Rand rundherum zusammennähen. Die Ecken schräg abschneiden und durch den geöffneten Reißverschluss auf rechts wenden (2).

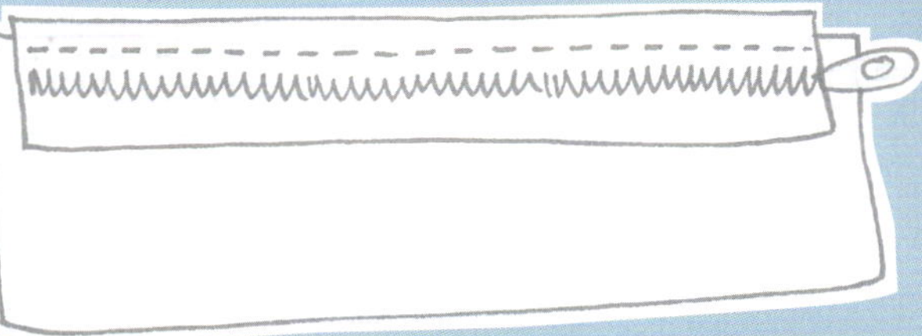

1

Geräumiges Beautycase

0,5 cm Nahtzugabe enthalten

MATERIAL

33 × 48 cm gemusterter wattierter Stoff
1 Reißverschluss, 30 cm lang
20 cm passendes Band
Passendes Nähgarn
Nähzeug
Nähmaschine
Bügeleisen

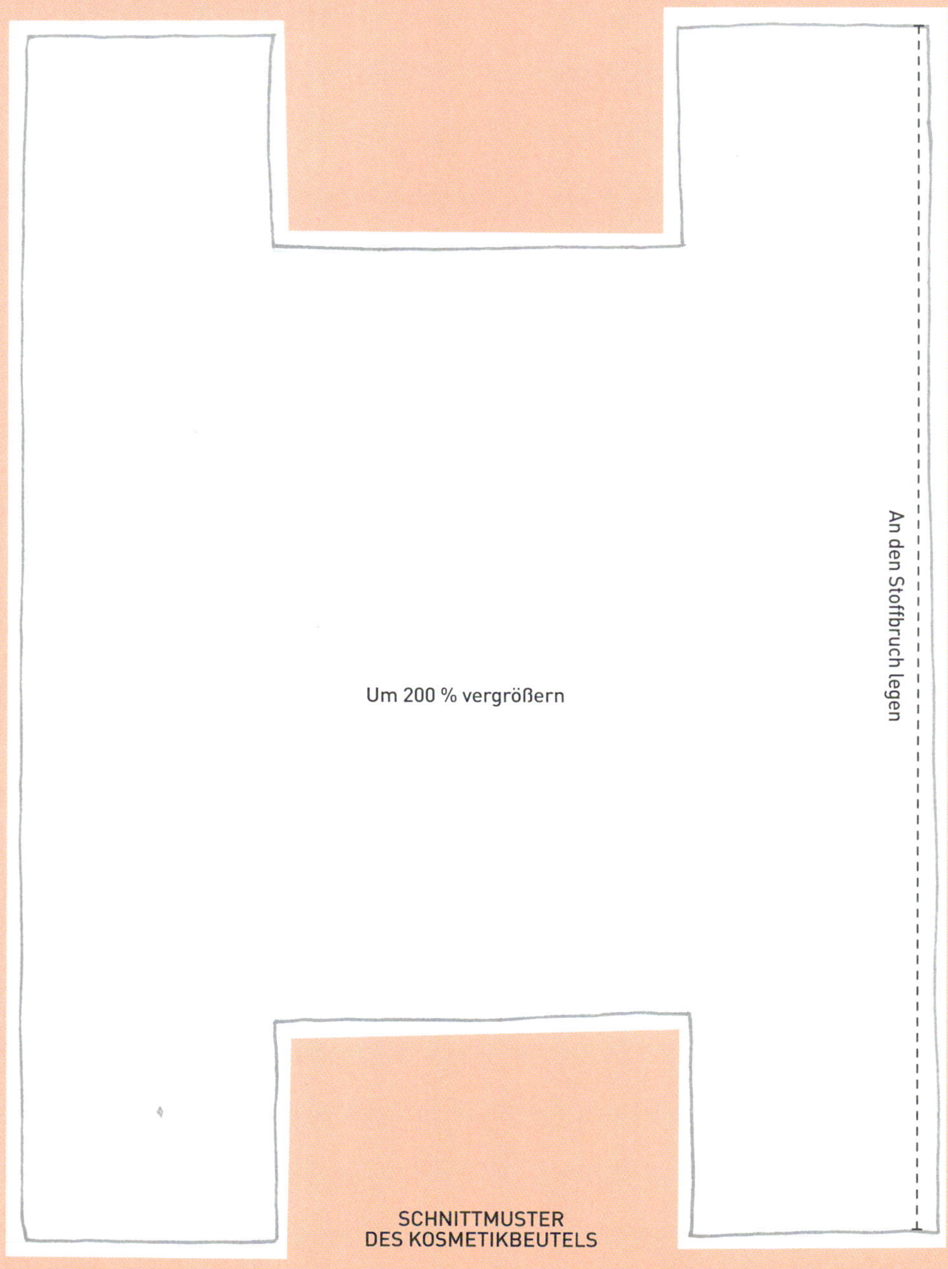

SCHNITTMUSTER
DES KOSMETIKBEUTELS

SO GEHT'S

VORBEREITUNG

Das Schnittmuster auf ein Blatt Papier übertragen und ausschneiden.

Den Stoff auf die Hälfte falten und das Schnittmuster auf den Stoff stecken (siehe Angaben auf dem Schnittmuster).

Den Stoff zuschneiden. Im Zickzackstich über alle Ränder nähen.

FERTIGSTELLUNG

Den Reißverschluss rechts auf rechts auf die lange Stoffkante legen. Einen passenden Nähfuß in die Nähmaschine einsetzen. Annähen 1.

Den Reißverschluss auf der anderen Stoffseite ebenso annähen 2.

Rand A und Rand A' rechts auf rechts aufeinanderlegen und 0,5 cm vom Rand zusammennähen.

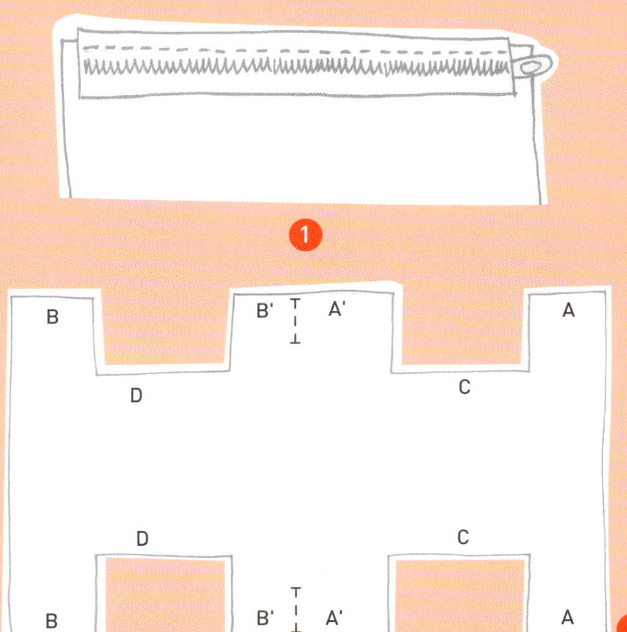

Rand B und Rand B' rechts auf rechts aufeinanderlegen und 0,5 cm vom Rand zusammennähen.

Auf der anderen Seite ebenso verfahren.

Den Reißverschluss öffnen. Die verbleibenden offenen Nähte an den Rändern C und D auf beiden Seiten schließen.

Das Band in zwei 10 cm große Stücke teilen. Die Stücke in der Mitte falten und, wie im Bild gezeigt, auf beiden Seiten an den Enden des Reißverschlusses einnähen.

Den Beutel durch die Öffnung auf rechts wenden.

Praktischer Stoffbeutel

0,5 cm Nahtzugabe enthalten

MATERIAL

2 Rechtecke aus leichtem weißen Baumwollstoff 24 × 32 cm für den großen Beutel und
2 Rechtecke 19 × 23 cm für den kleinen Beutel
2 × 1 m grüne Kordel
Passendes Nähgarn
Stickgarn in Grün und Blau
Nähzeug
Nähmaschine
Sicherheitsnadel
Bügeleisen

DIE STICKMOTIVE

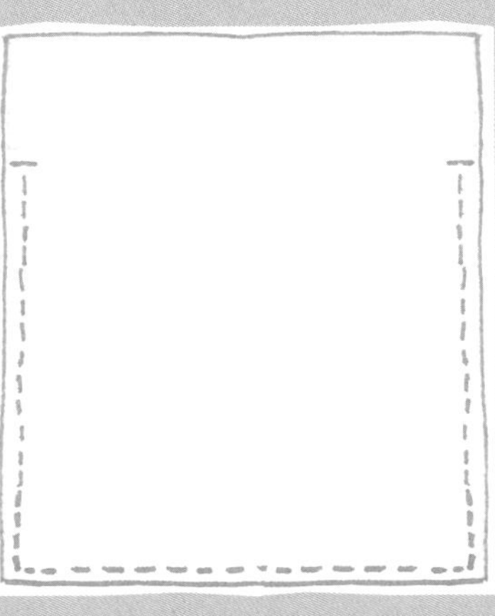

SO GEHT'S

VORBEREITUNG

Ein Blattmotiv mittig auf eines der beiden Rechtecke übertragen.

Das Motiv im Stielstich mit grünem und/oder blauem Stickgarn sticken.

FERTIGSTELLUNG

Die beiden Rechtecke rechts auf rechts aufeinanderlegen. 0,5 cm vom Rand an drei Seiten zusammennähen, dabei die Naht mit 6 cm Abstand zum oberen Rand beginnen und beenden 1.

Die Nahtzugaben bis oben auseinanderbügeln.

Den oberen Rand 1 cm umschlagen und bügeln 2.

Einen weiteren Umschlag von 2 cm machen und bügeln 3. Entlang der ersten Knickfalte steppen 4. Den Beutel auf rechts wenden.

Mit Hilfe einer Sicherheitsnadel die Kordel durch den Tunnel ziehen. Die Enden der Kordel verknoten.

Gepäckanhänger

0,5 cm Nahtzugabe enthalten

MATERIAL

15 × 40 cm weißer Baumwollstoff mit kleinem Dreiecksmuster
8 × 20 cm dünner Karton
8 × 20 cm beidseitig haftendes Bügelvlies
Passendes Nähgarn
Wendenadel
Nähzeug
Nähmaschine
Teppichmesser
Schneidematte
Bügeleisen

un sourire d'homme
MAGALI
DENISE NOËL
DORIS FABER
LEO DARTEY
CLAUDE JAUNIÈRE
CLAUDE VIRMONNE
CAROLINE GAYET
EDITH MARNEY
Louise

SO GEHT'S

Die Vorlage übertragen (1 Kästchen = 1 cm)

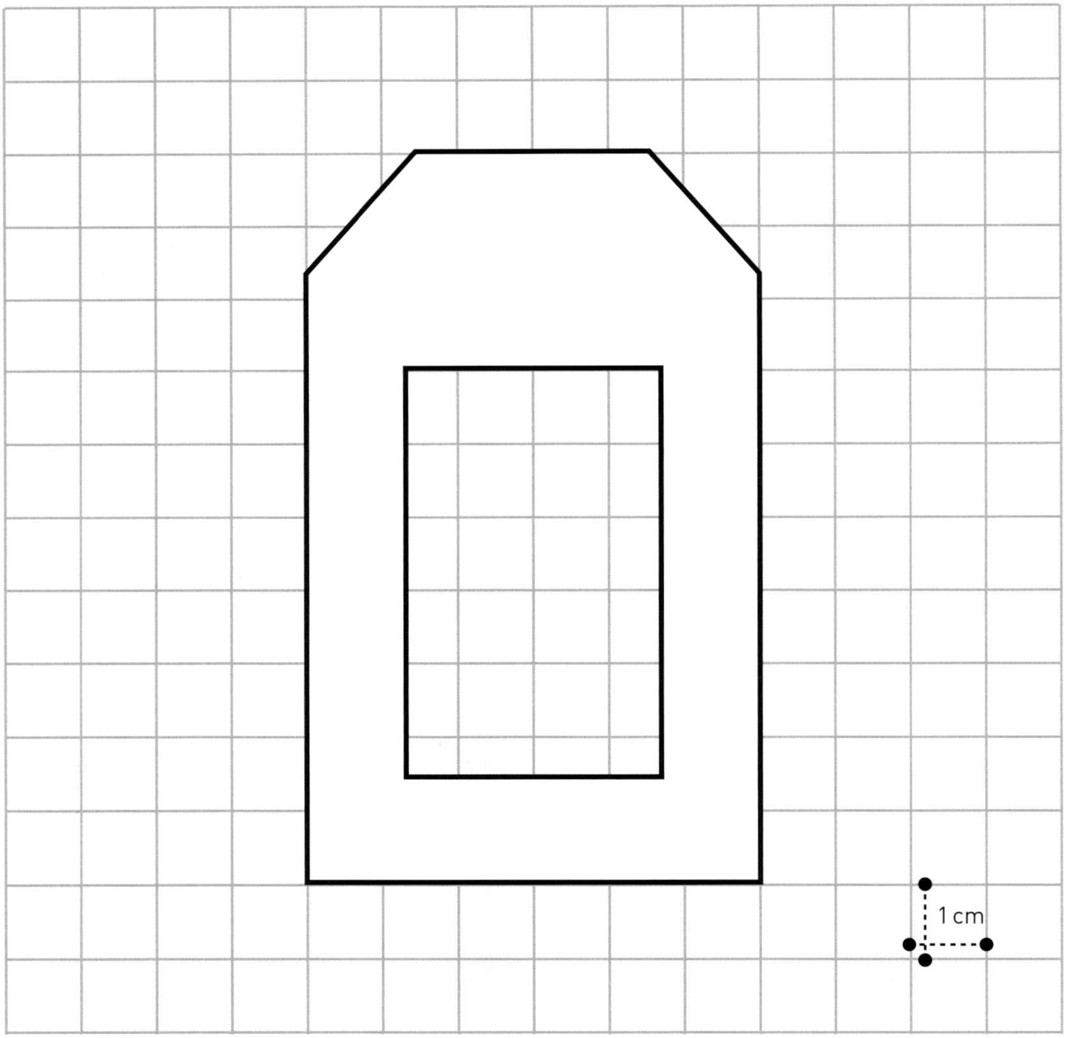

1 cm

Schnittmuster in Originalgröße

VORBEREITUNG

Die Schablone für den Anhänger kopieren und zweimal auf den Karton übertragen. Mit dem Teppichmesser ausschneiden. Aus einem der Kartonstücke das Fenster ausschneiden.

Aus dem Stoff zwei Rechtecke von 8 × 12 cm zum Überziehen des Anhängers und einen Streifen von 3,5 × 40 cm für das Band zuschneiden.

Das Band nähen: Den Streifen der Länge nach rechts auf rechts in der Mitte falten. 0,5 cm vom Rand zusammennähen und mit Hilfe der Wendenadel auf rechts wenden.

Das beidseitig haftende Bügelvlies mit einem Bügeleisen auf den Stoff aufbringen. Den Anweisungen des Herstellers folgen, die Dampffunktion des Bügeleisens abschalten.

Die Folie vom Bügelvlies abziehen und den Stoff auf den Karton legen. Aufbügeln. Gut glätten. Das Fenster mit dem Teppichmesser aus dem Stoff ausschneiden. Überstehenden Stoff auf die Rückseite des Kartons umschlagen.

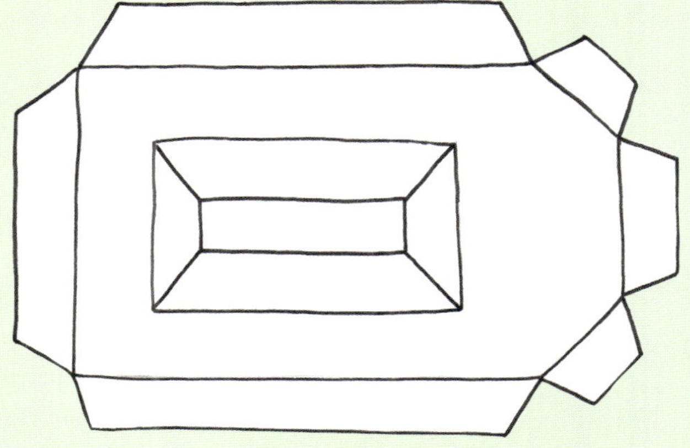

FERTIGSTELLUNG

Die beiden Teile des Etiketts links auf links aufeinanderlegen. 4 mm vom Rand an drei Seiten zusammennähen. An der Seite eine Öffnung lassen, um ein Papier mit Name und Adresse hineinschieben zu können.

An der oberen Schmalseite mit dem Teppichmesser einen ca. 1 cm langen Einschnitt machen. Das Bändchen zum Aufhängen hindurchschieben, die Enden verknoten.

Schlüsselanhänger »Katze«

0,5 cm Nahtzugabe enthalten

MATERIAL

6 × 16 cm Baumwollstoff mit grünen und gelben Blumen für den Körper
7 × 18 cm türkiser Baumwollstoff für den Kopf
1 kleiner Pompon in Ockergelb
6 × 15 cm ockergelber Filz für die Pfoten
Passendes Nähgarn
Watte
Schlüsselring
30 cm Stickgarn in Dunkelblau
Nähzeug
Nähmaschine
Bügeleisen

SO GEHT'S

Die Vorlage um 150 % vergrößern.

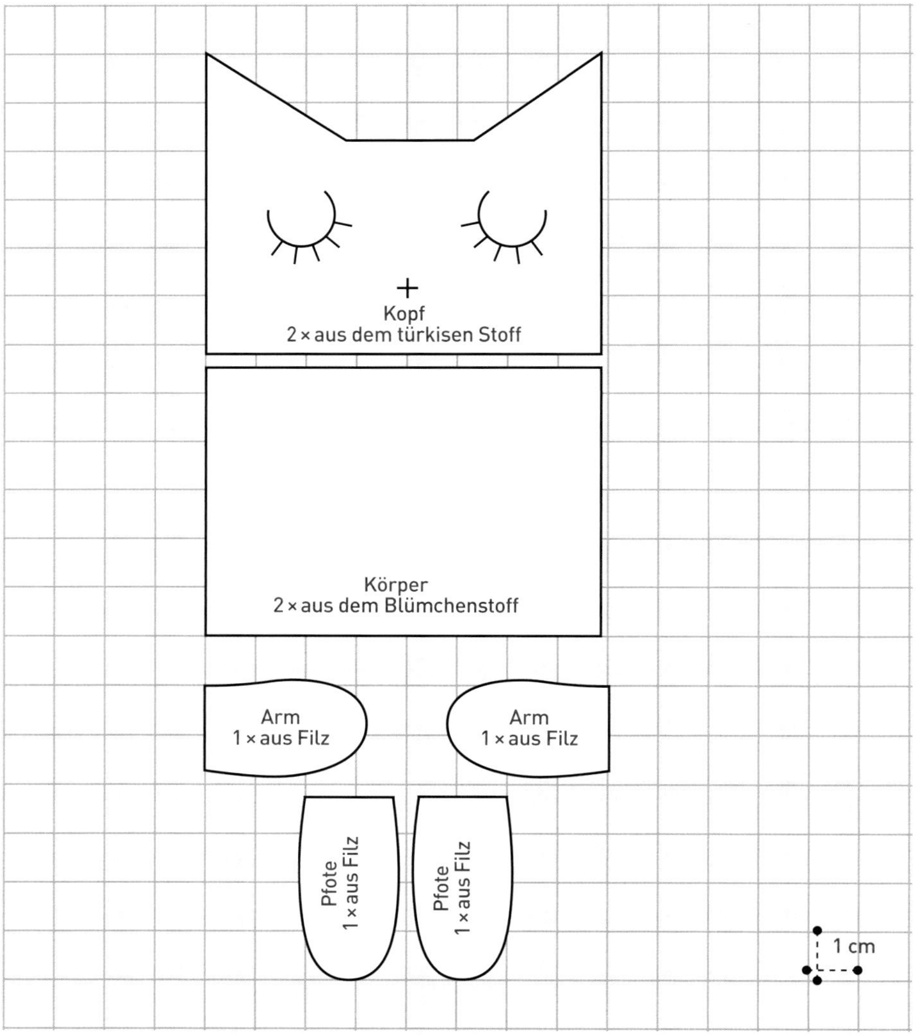

Kopf
2 × aus dem türkisen Stoff

Körper
2 × aus dem Blümchenstoff

Arm
1 × aus Filz

Arm
1 × aus Filz

Pfote
1 × aus Filz

Pfote
1 × aus Filz

1 cm

VORBEREITUNG

Das Schnittmuster vergrößern und ausschneiden.
Die zwei Rechtecke für den Körper aus dem Blümchenstoff und die zwei Köpfe aus dem türkisen Stoff zuschneiden. Aus dem ockergelben Filz die zwei Arme und die zwei Pfoten zuschneiden.

FERTIGSTELLUNG

Einen Kopf und einen Körper rechts auf rechts legen und 0,5 cm vom Rand zusammennähen. Das Rückenteil ebenso zusammennähen.

Auf das Gesicht der Katze die Augen im Rückstich und Spannstich aufsticken.

Arme und Pfoten so auf die rechte Seite des Vorderteils legen, dass sie nach innen zeigen. Feststecken.

Das Rückenteil der Katze rechts auf rechts darüberlegen. Arme und Pfoten liegen nun zwischen beiden Lagen. 0,5 cm vom Rand rundherum zusammennähen, dabei eine Wendeöffnung lassen.

Die Ecken abschneiden und abrunden. Die Nahtzugaben auseinanderbügeln. Auf rechts wenden.

Mit Watte füllen. Die Wendeöffnung im Matratzenstich schließen.

Die Arme über den Körper klappen. Jeweils drei Krallen im Spannstich aufsticken, dabei mit der Nadel durch den Filz und den Blümchenstoff stechen.

Den Pompon oberhalb der Naht als Schnauze aufnähen.

In eine Nähnadel Stickgarn einfädeln und den Schlüsselring annähen, dabei das Garn mehrmals durch den Ring und die Katze führen.

Für die Spielecke

Spielzeugtasche

0,5 cm Nahtzugabe enthalten

MATERIAL

80 × 120 cm blauer gemusterter Baumwollstoff als Oberstoff
80 × 120 cm oranger Baumwollstoff als Futterstoff
170 cm geblümtes Schrägband in Orange
80 × 120 cm dicker und steifer Filz
Passendes Nähgarn
Sicherheitsnadel
Nähzeug
Nähmaschine

SO GEHT'S

VORBEREITUNG

Fünf Quadrate 40 × 40 cm und für die Henkel zwei Streifen 8 × 40 cm aus dem blauen Stoff zuschneiden. Aus dem orangen Stoff und dem dicken Filz je fünf Quadrate 40 × 40 cm zuschneiden.

Die äußere blaue Tasche und das orange Futter separat zusammennähen.

Für jede Tasche den Boden rechts auf rechts mit den Seitenteilen 0,5 cm vom Rand zusammennähen. Die Seiten untereinander rechts auf rechts zusammennähen. Die Nähte jeweils 0,5 cm vom Rand beginnen und beenden.

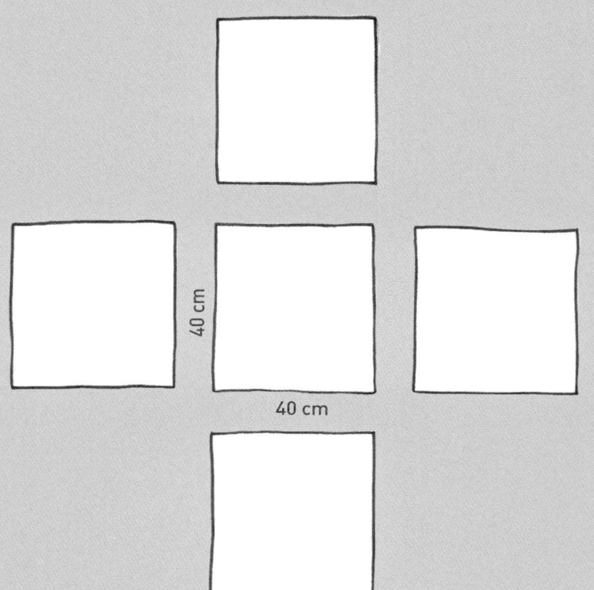

FERTIGSTELLUNG

Die Henkel nähen: Die beiden Streifen rechts auf rechts der Länge nach auf die Hälfte falten. 0,5 cm von den Rändern zusammennähen. Die Streifen mit Hilfe einer Sicherheitsnadel auf rechts wenden. An jedem Ende 1,5 cm umschlagen. Bügeln. Die Henkel 0,5 cm vom Rand entfernt rundum absteppen.

Die Henkel auf die rechte Seite der geblümten Tasche legen, jeweils 11 cm vom Rand entfernt. In einem Quadrat, dann mit überkreuzten Diagonalen aufnähen.

Das Schrägband aufklappen und rundherum um die Oberkante der geblümten Tasche legen. Nur an einer Seite annähen.

Die orange Tasche (Taschenfutter) auf links gedreht lassen. Die blaue Tasche (Oberstoff) auf rechts wenden.

Ein Filzquadrat auf den Boden der blauen Tasche legen.

Die orange Tasche in die blaue Tasche schieben. Ein Filzquadrat zwischen die beiden Lagen jedes Seitenteils schieben.

Das Schrägband über die orange Tasche (Futter) schlagen. Das Schrägband mit der Hand mit senkrechten Saumstichen annähen.

Mobile

0,5 cm Nahtzugabe enthalten

MATERIAL

10 × 20 cm weißer Baumwollstoff mit rosa und orangen Blümchen für den Vogel
50 cm Band in Neonpink
30 cm gemustertes Baumwollband in Blau
Oranger Filzrest für den Schnabel
3 × 6 cm wollweißer Filz für die Augen
Blaugraues Baumwoll-Perlgarn
1 spitze Sticknadel
Passendes Nähgarn
60 cm dicker Messingdraht in Violett
1 m dicker Messingdraht in Metallic-Blau
30 cm dünner Eisendraht
10 große sternförmige Metallplättchen in Blau
20 kleine sternförmige Metallplättchen in Neonpink
Watte
Nähzeug
Nähmaschine
Drahtzange

SO GEHT'S

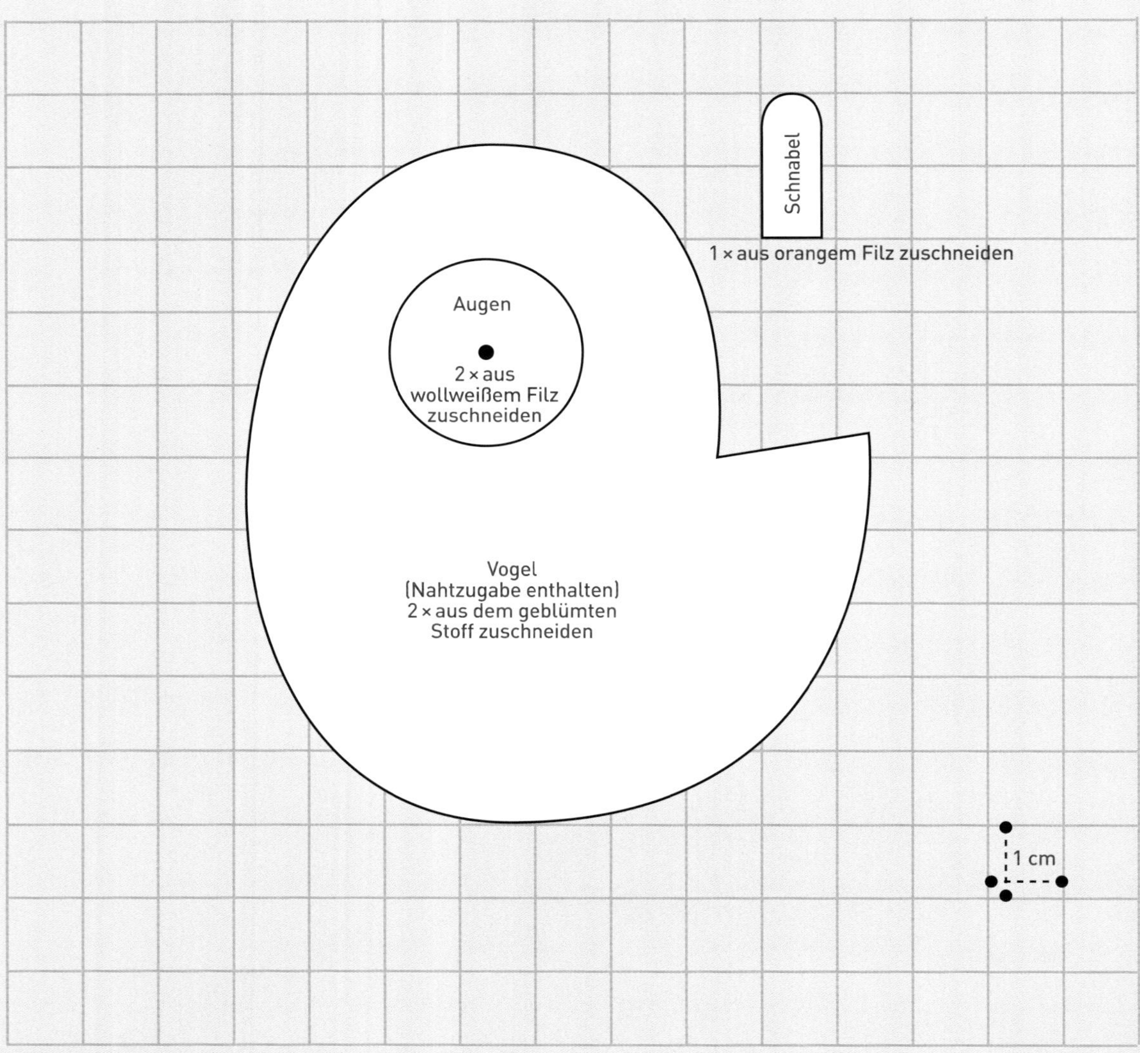

Schnittmuster in Originalgröße

VORBEREITUNG

Den Stoff rechts auf rechts auf die Hälfte falten. Das Schnittmuster darauf legen.

Den Vogel einmal aus dem doppelt gelegten Blümchenstoff ausschneiden, eine Lage ergibt die Vorder- und die andere die Rückseite des Vogels. Den Schnabel einmal aus dem orangen Filzrest zuschneiden.

FERTIGSTELLUNG

Die beiden Seiten des Vogels rechts auf rechts legen. Den Schnabel so zwischen die beiden Lagen schieben, dass er nach innen zeigt. 0,5 cm vom Rand zusammennähen, dabei eine Wendeöffnung lassen. Die Rundungen zurückschneiden. Auf rechts wenden. Mit Watte ausstopfen.

Aus dem dicken violetten Messingdraht einen Kreis formen. Hierzu den Draht um eine Vase mit ca. 15 cm Durchmesser legen. Die beiden Enden zusammendrehen.

Die Enden des Messingdrahts in die Öffnung des Vogels schieben. Die Öffnung um die Messingdrähte schließen.

Für die Augen zwei Kreise mit 2 cm Durchmesser aus dem wollweißen Filz ausschneiden. Die Augen beidseits des Vogels auflegen. Die Augen jeweils in der Mitte mit einem kleinen Knötchenstich befestigen, der mit dem blaugrauen Perlgarn gestickt wird.

Die Bänder unterhalb des Vogels an den Messingdraht knoten. Die Metallplättchen auf den Eisendraht fädeln, dabei blaue und rosa Sternchen abwechseln. Den Eisendraht am Messingdraht-Kreis befestigen.

Den dicken Messingdraht in Metallic-Blau als Aufhängung oben am Messingkreis befestigen. Ein Sternplättchen auf den Draht schieben, um die Ansatzstelle zu verbergen.

Spielmatte

0,5 cm Nahtzugabe enthalten

MATERIAL

75 × 110 cm türkiser Baumwollstoff für die Oberseite
75 × 110 cm Baumwollstoff in Neonpink für die Rückseite
73 × 108 cm Molton
25 × 50 cm gemusterter roter Baumwollstoff für eine große Tasche
25 × 50 cm Baumwollstoff mit Pünktchen für eine große Tasche
15 × 110 cm olivgrüner Baumwollstoff für die Blätter
Watte
50 × 50 cm Bügelvlies
Passendes Nähgarn
Nähzeug
Nähmaschine
Bügeleisen

SO GEHT'S

Das Schnittmuster um 250 % vergrößern.

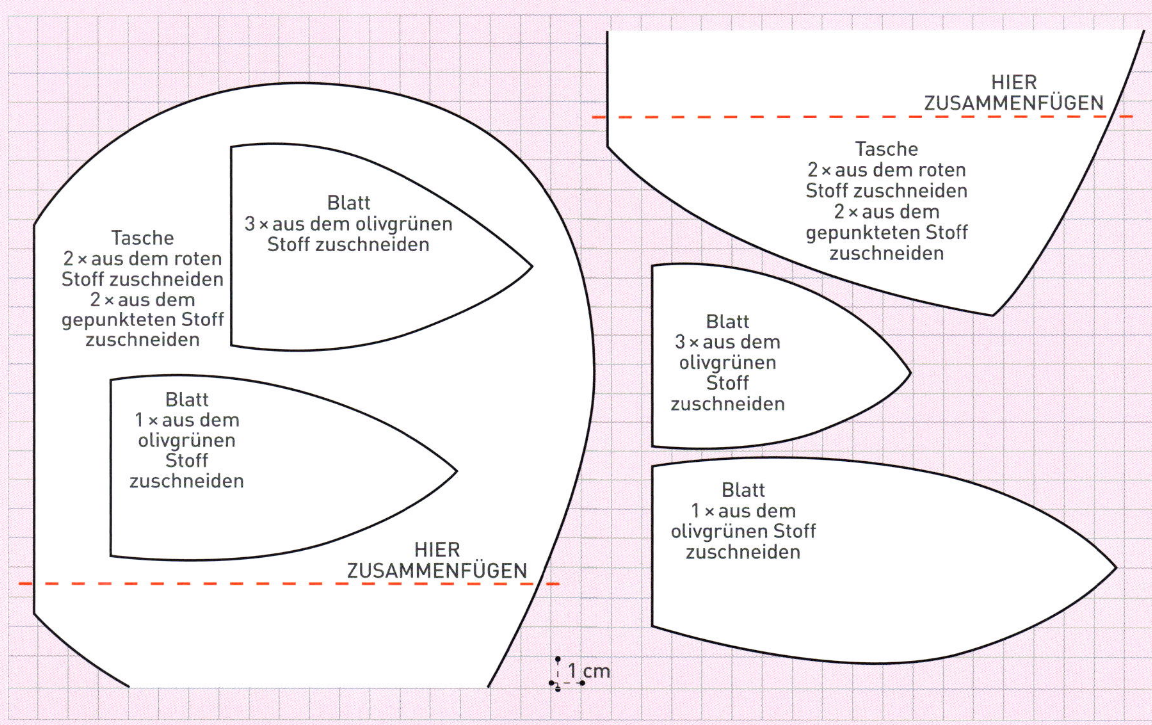

VORBEREITUNG

Ein Rechteck 75 × 110 cm aus dem türkisen Stoff für die Oberseite des Teppichs, ein Rechteck 75 × 110 cm aus dem rosa Stoff für die Unterseite und ein Rechteck 73 × 108 cm aus dem Molton zuschneiden.

DIE TASCHEN NÄHEN

Das Vlies auf den gemusterten roten Stoff und den Stoff mit Pünktchen aufbügeln. Die Dampffunktion abschalten.

Das Schnittmuster der Taschen in Originalgröße ausschneiden. Die Stoffe jeweils rechts auf rechts in der Mitte falten und zusammenstecken. Das Schnittmuster der Taschen jeweils einmal aus dem doppelt gelegten roten und dem doppelt gelegten gepunkteten Stoff zuschneiden, so entstehen pro Stoff zwei Schnittteile.

Die Taschenteile jeweils rechts auf rechts legen. 0,5 cm vom Rand rundherum zusammennähen, dabei eine Wendeöffnung lassen. Die Rundungen zurückschneiden. Auf rechts wenden. An der Öffnung einen Umschlag legen und sie im Matratzenstich schließen.

Die große Rundung beider Taschen 1 cm vom Rand auf einer Länge von 20 cm absteppen.

FERTIGSTELLUNG

Die Taschen auf das türkise Rechteck legen und feststecken. Die Tasche aufnähen, dabei die Absteppnaht 1 cm vom Rand fortsetzen, den bereits abgesteppten Teil nicht mehr nähen, damit eine Taschenöffnung entsteht.

Das Schnittmuster der Blätter vergrößern und ausschneiden. Für jedes Blatt jeweils eine Vorder- und eine Rückseite aus dem olivgrünen Stoff zuschneiden (x die im Schnittmuster angegebene Anzahl). Hierzu entweder den Stoff doppelt legen oder das Schnittmuster für das zweite Schnittteil umdrehen. Die beiden Teile jedes Blattes rechts auf rechts legen. 0,5 cm vom Rand entfernt zusammennähen, dabei die Unterseite offen lassen. Die Rundungen zurückschneiden. Jedes Blatt auf rechts wenden. Mit etwas Watte leicht füttern. In der Mitte jedes Blattes mit grünem Nähgarn eine Blattader absteppen.

Den rosa Stoff rechts auf rechts auf den türkisen Stoff legen. Die Blätter jeweils mit der Spitze nach innen zwischen die beiden Lagen schieben.

Den Teppich rundherum zusammennähen, dabei eine große Wendeöffnung lassen. Die Ecken schräg abschneiden. Auf rechts wenden. Den Molton zwischen die Stofflagen schieben.

An der Öffnung einen Umschlag legen. Die Öffnung mit Matratzenstichen schließen.

Geldbeutel »Kugelfisch«

0,5 cm Nahtzugabe enthalten

MATERIAL

12 × 20 cm grauer Baumwollstoff mit rosa Punkten
für die Außenseite des Geldbeutels
12 × 20 cm grüner Baumwollstoff für das Futter
15 × 15 cm Baumwollstoff mit schmalen Streifen in Rosa und Weiß
für Schwimmflossen und Schwanz
1 große runde schwarze Perle
1 m Baumwollstickgarn in kräftigem Rosa
1 Geldbeutelverschluss
(hier wurde der Taschenverschluss »Julia« der Firma Prym verwendet)
Passendes Nähgarn
Nähzeug
Nähmaschine
Bügeleisen

SO GEHT'S

Das Schnittmuster um 125 % vergrößern.

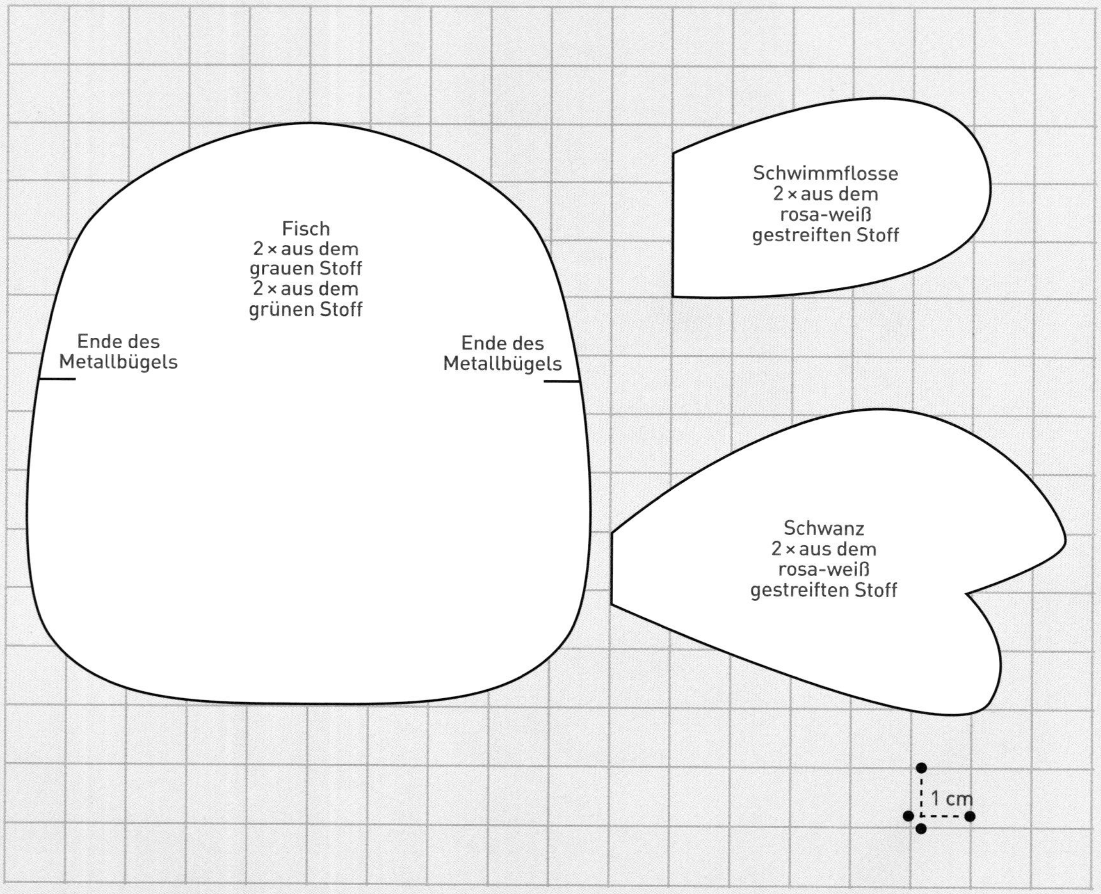

Fisch
2 × aus dem
grauen Stoff
2 × aus dem
grünen Stoff

Ende des
Metallbügels

Ende des
Metallbügels

Schwimmflosse
2 × aus dem
rosa-weiß
gestreiften Stoff

Schwanz
2 × aus dem
rosa-weiß
gestreiften Stoff

1 cm

Die Hersteller von Verschlüssen liefern zusammen mit der Nähanleitung eine Schnittanlagekontur, die zu berücksichtigen ist. Gegebenenfalls ändern Sie den Fisch im oberen Teil entsprechend der Schnittanlagekontur ab (falls das gekaufte Modell sich vom angegebenen Modell unterscheidet).

VORBEREITUNG

Das Schnittmuster in Originalgröße ausschneiden.

Die Fischform zweimal aus dem gepunkteten Stoff und zweimal aus dem grünen Stoff zuschneiden. Die Schwimmflossenform und die Schwanzform aus dem gestreiften Stoff zuschneiden: Um jeweils eine Vorder- und eine Rückseite zu erhalten, die Schnittmuster auf den rechts auf rechts gefalteten Stoff legen und durch beide Lagen schneiden.

DEN BEUTEL NÄHEN

Die beiden Schwimmflossen rechts auf rechts aufeinanderlegen. 0,5 cm vom Rand zusammennähen, dabei eine Wendeöffnung lassen. Die Rundungen zurückschneiden, die Nahtzugaben auseinanderbügeln. Auf rechts wenden. An der Wendeöffnung einen kleinen Umschlag von 0,5 cm machen, die Öffnung dann im Matratzenstich schließen.

Den Schwanz ebenso nähen.

Die beiden Fischformen aus grauem Pünktchenstoff rechts auf rechts aufeinanderlegen. Den Schwanz so zwischen die beiden Lagen schieben, dass er nach innen zeigt.

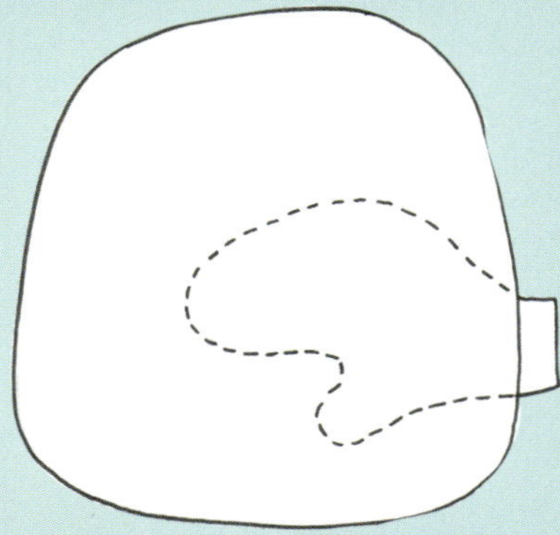

Die gesamte untere Rundung zusammennähen, dabei bei den Markierungen beginnen und enden. Die Rundungen zurückschneiden und die Nahtzugaben auseinanderbügeln. Auf rechts wenden.

Die beiden grünen Fischformen für das Futter rechts auf rechts aufeinanderlegen. Zwischen den Markierungen zusammennähen. Die Rundungen zurückschneiden und die Nahtzugaben auseinanderbügeln. Nicht auf rechts wenden!

FERTIGSTELLUNG

Den grünen Futterstoff links auf links in den grauen Pünktchenstoff schieben.

Oben am Geldbeutel einen Umschlag machen. Den Knick bügeln. Den Geldbeutelverschluss auf den Umschlag legen. Den Verschluss mit der Hand einnähen, dabei die Nadel durch die vorgestanzten Löcher führen und der Anleitung des Herstellers folgen.

Die Perle für das Auge annähen. Das Fischmaul mit dem rosa Stickgarn aufsticken, dafür ein Dutzend Spannstiche übereinander sticken. Die Schwimmflosse mit kleinen Matratzenstichen annähen.

Kleines Dekokissen

0,5 cm Nahtzugabe enthalten

MATERIAL

50 × 110 cm gemusterter Baumwollstoff für die Kissenhülle in Blasslila
1 kleines Kissen 22 × 22 cm
Passendes Nähgarn
Sicherheitsnadel
Nähzeug
Nähmaschine
Bügeleisen

SO GEHT'S

VORBEREITUNG

Aus dem Baumwollstoff zwei Quadrate 23 × 23 cm für die Hülle, zwei Rechtecke 8 × 23 cm für die Klappen und zwei Streifen 3 × 75 cm für die Bindebänder zuschneiden.

Die Bindebänder nähen: Die beiden Streifen 3 × 75 cm über die gesamte Länge rechts auf rechts falten. Den Knick bügeln.

Die Streifen 0,5 cm vom Rand zusammennähen. Mit Hilfe einer Sicherheitsnadel auf rechts wenden.

Die Bindebänder jeweils in drei 25 cm lange Stücke schneiden. Ein Ende jedes Bandes zunähen, dafür einen kleinen Umschlag machen und mit einem kleinen Nähstich fixieren.

FERTIGSTELLUNG

Die beiden Quadrate und die beiden Rechtecke versäubern.

Die drei Bindebänder in gleichmäßigen Abständen so auf die rechte Seite eines Quadrats legen, dass sie nach innen zeigen. Mit Stecknadeln feststecken. Eines der Rechtecke rechts auf rechts so darüber legen, dass dessen Längsseite mit der Quadratseite übereinstimmt.

Zusammennähen, dabei die Stecknadeln herausziehen, kurz bevor der Nähfuß über die Stelle gleitet. Die Nahtzugaben auseinanderbügeln.

Die zweite Seite der Kissenhülle ebenso nähen.

Die beiden Quadrate rechts auf rechts übereinanderlegen, an drei Seiten zusammennähen (die Seite mit den Bindebändern offen lassen). Die Ecken schräg abschneiden, die Nahtzugaben auseinanderbügeln. Auf rechts wenden. Das kleine Kissen in die Hülle schieben.

Zum Verschließen die Bindebänder miteinander verknoten.

Kissen »Kuschelhase«

0,5 cm Nahtzugabe enthalten

MATERIAL

25 × 50 cm gemusterter rosa Baumwollstoff für das Kissen
20 × 24 cm wollweißer Baumwollstoff für die Ohren
20 × 24 cm gemusterter meergrüner Baumwollstoff für die Ohren
4 × 8 cm ockergelber Filz für die Nase
1 m schwarzes Baumwollstickgarn
1 m ockergelbes Baumwollstickgarn
Watte
Passendes Nähgarn
Nähzeug
Nähmaschine
Bügeleisen

SO GEHT'S

Vergrößern um 150 %.

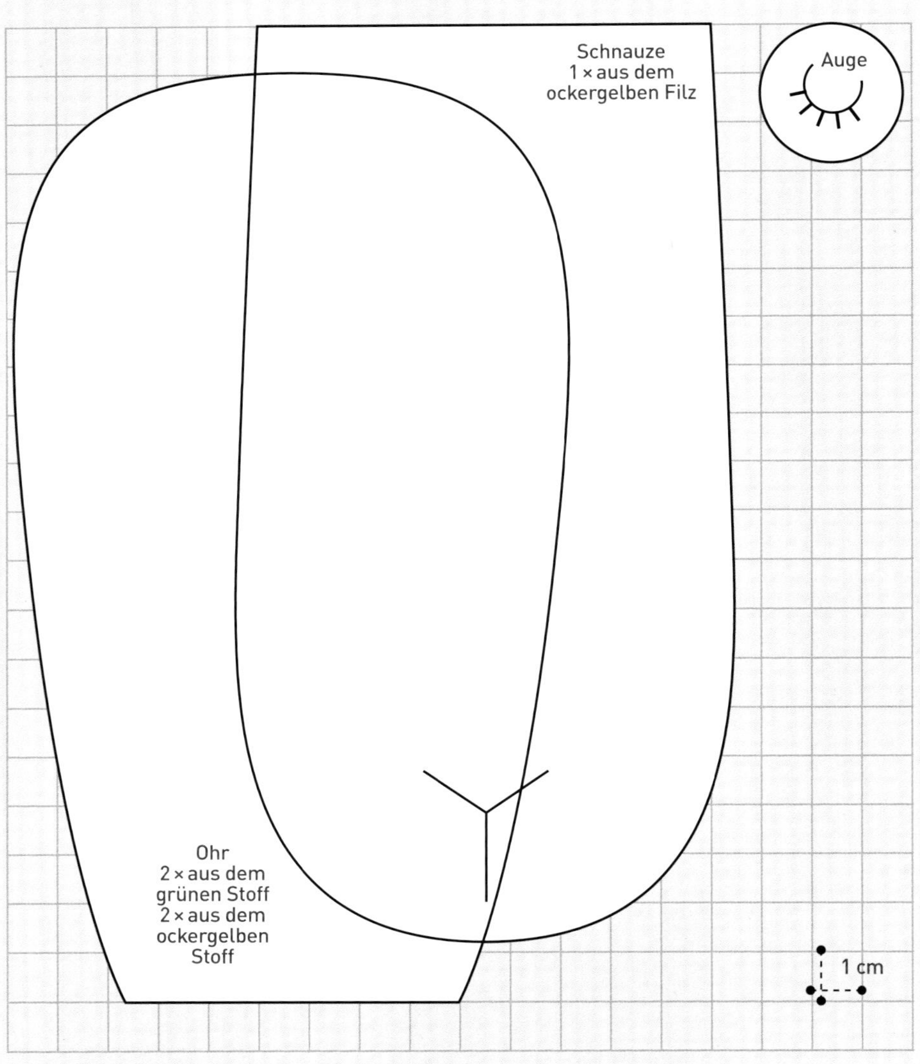

VORBEREITUNG

Zwei Quadrate 25 × 25 cm aus dem gemusterten rosa Stoff, zwei Ohren aus dem meergrünen Baumwollstoff und zwei Ohren aus dem wollweißen Baumwollstoff zuschneiden. Die Nase aus ockergelbem Filz und zwei Kreise mit 3 cm Durchmesser aus dem wollweißen Filz zuschneiden.

Die Augen im Rückstich besticken. Die Nasenspitze mit drei langen Spannstichen aufsticken.

FERTIGSTELLUNG

Die Ohren zusammennähen. Ein grünes Ohr rechts auf rechts auf ein wollweißes Ohr legen. Rundherum zusammennähen, dabei den geraden Teil als Wendeöffnung offen lassen. Das zweite Ohr ebenso nähen. Die Rundungen zurückschneiden. Die Nahtzugaben auseinanderbügeln. Die Ohren auf rechts wenden.

Die Ohren unten auf beiden Seiten etwas nach innen falten. Jeweils mit einem kleinen Stich fixieren.

Die Nase im Matratzenstich in die Mitte der rechten Seite eines rosa Quadrats aufnähen. Die Augen beidseits der Nase aufnähen.

Mit dem ockergelben Garn rechts und links der Nase im Knötchenstich drei Barthaare aufsticken.

Die Ohren AUF DER RECHTEN SEITE oben so auf das Kissen legen, dass sie nach unten zeigen. Mit Stecknadeln feststecken. Darauf achten, dass die Ohren im Verhältnis zur Nase und zu den Augen gut platziert sind!

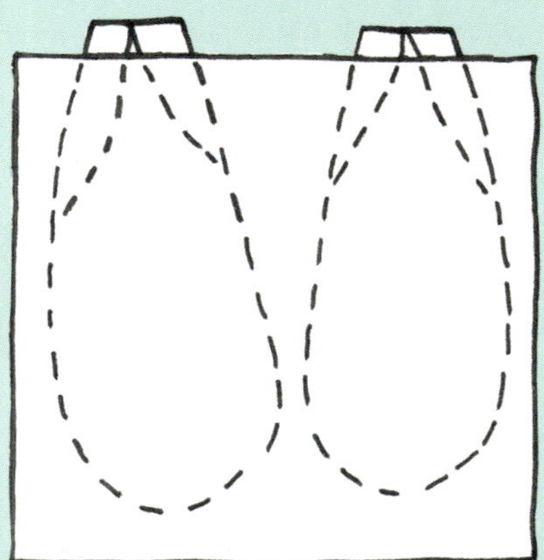

Das andere rosa Quadrat rechts auf rechts darüberlegen. 0,5 cm vom Rand rundherum mit der Maschine zusammennähen, dabei eine Wendeöffnung lassen. Die Ecken schräg abschneiden. Die Nahtzugaben auseinanderbügeln. Wenden. Das Kissen mit Watte ausstopfen. An der Öffnung einen Umschlag machen und die Öffnung im Matratzenstich schließen.

Gesteppte Matte »Lindenblatt«

0,5 cm Nahtzugabe enthalten

MATERIAL

80 × 150 cm türkiser Stoff
80 × 75 cm Molton
Passendes Nähgarn
Nähzeug
Nähmaschine
Bügeleisen

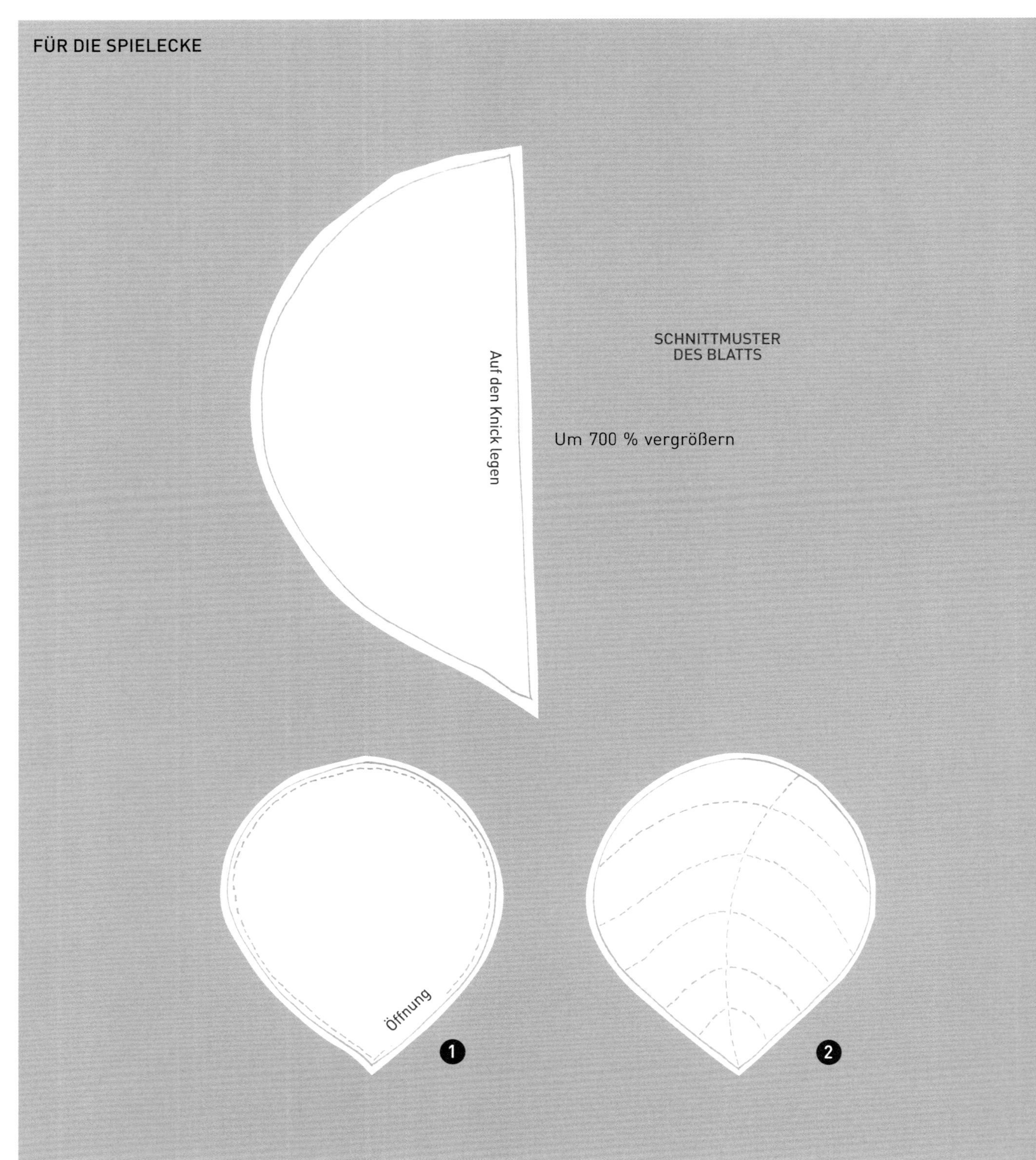
Auf den Knick legen
SCHNITTMUSTER
DES BLATTS
Um 700 % vergrößern
Öffnung
1
2

SO GEHT'S

VORBEREITUNG

Den Stoff in der Mitte durchschneiden, um zwei 75 × 80 cm große Rechtecke zu erhalten. Die Rechtecke rechts auf rechts aufeinanderlegen und in der Mitte falten.

Das Schnittmuster nach dem Vergrößern übertragen oder ein halbes Blatt frei Hand direkt auf den in der Mitte gefalteten Stoff zeichnen.

Die Blattformen zuschneiden.

Den Molton in der Mitte falten und das Muster wie zuvor übertragen und zuschneiden.

FERTIGSTELLUNG

Den Molton zwischen die beiden rechts auf rechts liegenden Stofflagen legen, feststecken und 0,5 cm vom Rand rundherum zusammennähen, dabei eine Wendeöffnung lassen. Die Ecken schräg abschneiden, die Rundungen zurückschneiden. Durch die Wendeöffnung auf rechts wenden (1).

An der Öffnung einen Umschlag machen und die Öffnung im Matratzenstich schließen. 0,5 cm vom Rand rundherum mit einem gleichfarbigen Garn absteppen.

Anhand der Zeichnung die Blattadern auf den Stoff übertragen und mit einem dunkleren Garn absteppen (2).

Beutel in Fischform

0,5 cm Nahtzugabe enthalten

MATERIAL

28 × 50 cm blauer Uni-Stoff
46 × 40 cm gemusterter blauer Stoff
Weiße Wollfilzreste
Marineblaues Stickgarn
1 m weiße Kordel
Passendes Nähgarn
Nähzeug
Nähmaschine
Sicherheitsnadel
Bügeleisen

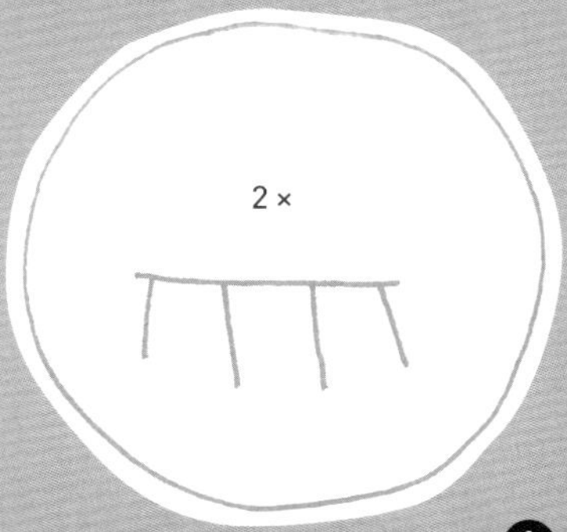

2 ×

SCHNITTMUSTER
AUGEN

1

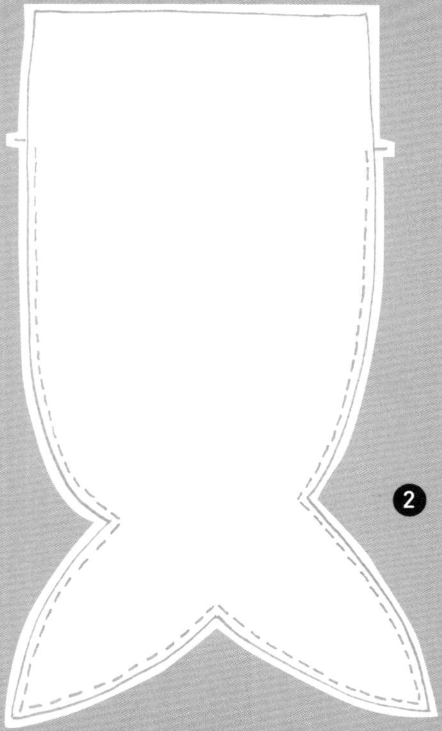

2

3

4

5

SO GEHT'S

VORBEREITUNG

Den blauen Uni-Stoff in der Mitte durchschneiden, um zwei 25 × 28 cm große Rechtecke zu erhalten (Kopf des Fisches).

Das Schnittmuster für den Schwanz auf den in der Mitte gefalteten gemusterten blauen Stoff übertragen (Angaben im Schnittmuster). Zweimal zuschneiden.

FERTIGSTELLUNG

Jeweils einen Fischkopf (einfarbig blau) und einen Schwanz rechts auf rechts aufeinanderlegen. 0,5 cm vom Rand zusammennähen. Auffalten.

Die Augen auf den Filz übertragen und ausschneiden. Die Augen auf den Fisch legen und mit weißem Nähgarn mit kleinen Matratzenstichen annähen. Die Wimpern mit dem marineblauen Stickgarn aufsticken 1.

Die beiden Fische rechts auf rechts übereinanderlegen und 0,5 cm vom Rand an den Seiten zusammennähen. Die Naht an beiden Seiten mit 10 cm Abstand zum oberen Rand beenden 2. Die Ecken schräg abschneiden.

Die Nahtzugaben bis oben auseinanderbügeln.

Am oberen Rand auf beiden Seiten einen Umschlag von 1 cm machen, den Knick bügeln 3.

Einen zweiten Umschlag von 2 cm machen und den Knick bügeln 4.

Entlang des Knicks zusammennähen 5. Den Beutel auf rechts wenden.

Mit Hilfe einer Sicherheitsnadel die Kordel mehrmals so durch den Tunnel ziehen, dass auf jeder Seite ein Ende heraushängt. Die beiden Enden der Kordel verknoten.

SCHNITTMUSTER SCHWANZ

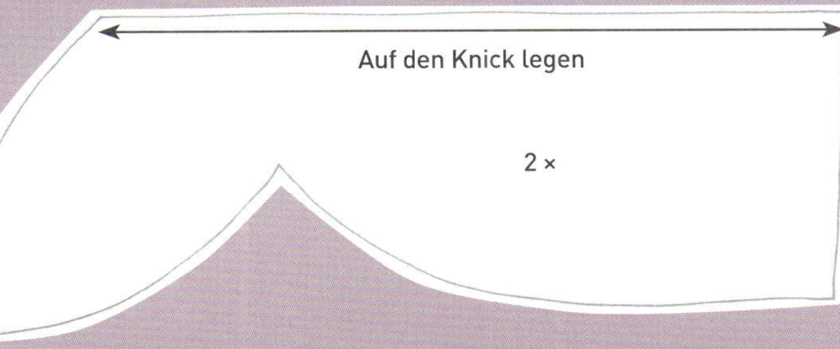

Um 200 % vergrößern

DANK

An folgende Firmen geht unser Dank für die Erlaubnis, ihre Produkte als Accessoires zu verwenden:

Coming B
Kleiner Rollwagen
Farbige Metallkörbe

Moulin Roty
Rutscher Kaninchen
Kindertrompete aus Metall

Eurodif
Gelb und beige gestreifte Tasche mit Lederhenkel

Petit Pan
Papierlampion
Holzspulen

Niki Jones

Mamy Factory
Baby-Pullover mit Knopfleiste

See Concept
Lesebrille

Unsere Fotos zeigen außerdem Deko-Objekte von Les jolies emplettes, Habitat und Décoflorale.

BEZUGSQUELLEN FÜR MATERIAL

Schmuckpapiere:
Adeline KLAM
54, boulevard Richard-Lenoir
75011 Paris
www.adelineklam.com

Stoffe:
- Petit Pan
  Rue François-Miron
  75004 Paris
  www.petitpan.com
- Atelier Brunette
  Atelierbrunette.com
- Nano Iro
  https://online.naniiro.jp/

Hefte und Notizbücher:
Muji
www.muji.com

Metallbügel als Geldbeutelverschluss:
Prym
www.prym.de

Sitzhocker:
Solsta Pällbo
www.ikea.de

ISBN 978-3-8094-4505-0

3. Auflage 2025

Die Originalausgabe erschien auf Französisch unter dem Titel *Ma couture hyper facile*

Projektentwürfe, Ausführung und Anleitungen: Clémentine Collinet
Fotos: Fabrice Besse: S. 2–3, 22–45, 72–85, 118–125; Emanuela Cino: S. 6–21, 46–71, 86–117, 226
Styling: Sonia Roy: S. 2–3, 22–45, 72–85, 118–125; Karine Villame: S. 6–21, 46–71, 86–117, 226

Projektleitung dieser Ausgabe: Dr. Iris Hahner
Umschlaggestaltung: Atelier Versen, Bad Aibling
Übersetzung: SAW Communications, Christa Trautner-Suder
Satz: SAW Communications in Zusammenarbeit mit alles mit Medien, Anke Enders, Sprendlingen
Redaktion und Producing: SAW Communications, Redaktionsbüro Dr. Sabine A. Werner, Klein-Winternheim
Herstellung: Elke Cramer

Druck und Bindung: Alföldi Nyomda Zrt., Debrecen

Printed in Hungary

Penguin Random House Verlagsgruppe FSC ® N001967